市场裂变

齐铁雄 / 著

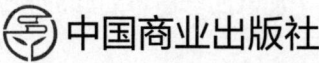

图书在版编目（CIP）数据

市场裂变 / 齐铁雄著 . -- 北京：中国商业出版社，2024.8

ISBN 978-7-5208-1904-6

Ⅰ．①市… Ⅱ．①齐… Ⅲ．①市场营销学 Ⅳ．①F713.50

中国版本图书馆CIP数据核字(2021)第232883号

责任编辑：朱丽丽

中国商业出版社出版发行

(www.zgsycb.com 100053 北京广安门内报国寺1号)
总编室：010-63180647 编辑室：010-63033100
发行部：010-83120835/8286
新华书店经销
天津和萱印刷有限公司印刷
*
710毫米×1000毫米 16开 13.75印张 170千字
2024年8月第1版 2024年8月第1次印刷
定价：88.00元
* * * *
（如有印装质量问题可更换）

2019年，我伏案提笔，完成了我人生的第一本书——《我为基层诊所代言》。

这本书是在特殊情感驱使下写成的。父亲晚年生病，我陪他走过了最后的岁月。那段经历让我接触了很多基层医生，我对他们的处境感到惊讶和不安，也对他们的行医精神由衷地产生了感激和敬佩之情，于是忍不住想替他们说些什么。这就是创作《我为基层诊所代言》一书的起因。细心的读者会发现，书的内容主要是诊所经营，与书名有点文不对题，但左思右想了无数个书名，唯有这个书名，才能表达我当时的真实感受和想法。

之后，我又接触了无数的基层医生，深入了解了他们曲折坎坷的职业经历和内心的酸甜苦辣。于是决定再写一本关于他们的书，更直接地把基层医生的真实境况展示给世人。为此，我拉上几个好友，利用大半年的时间，跨越了17个省、直辖市、自治区，采访了41位基层医生，累积了大量的资料。成稿后经过多次修改，终于了结了我的心愿。这就是我的第二本书《中国基层医生》的写作初心和过程。

现在，我为什么要写我的第三本书，关于来顾客的模式——市场裂变？原因很简单。随着大健康浪潮的到来，我周围很多朋友开了中医馆、养生馆，门店经营得风生水起，却不知道如何快速复制？如何做大做强？如何开好连锁店？而我们都知道，在这个信息爆炸的时代，如果比别人落后一步，今日繁华就可能变成明日黄花。

2022年，我开发了一门新课"来顾客模式八大系统"，这门课是讲市场裂变的。涉及如何定位、如何宣传、怎样引流、怎样服务等重要内容。掌握了这几项技能，就可以开好一家店。本着帮助更多健康从业者顺利经营的理念，我用了半年时间整理完了书稿。

之前的两本书，都是面向诊所的，范围有点小，我希望这本书能够对整个行业有所帮助，给予行业人士必要的指导。

特别感谢我工作室的助理李佳洋女士，她帮我把讲课内容录下来并整理成文字；也感谢清华大学职业经理训练中心葛秋江老师，他全面梳理了全书的语言文字，使之更加通顺、流畅；还要感谢温总等好朋友，是他们多次鼓励我，让我坚持写下去。可以说，没有这些朋友的大力支持和帮助，就没有本书的问世。

书越写越多，我感到责任越来越大，似乎有很多经验需要介绍给健康产业工作者，也有许多人值得去赞美和讴歌，这让我坚持写作的念头从未停止。

今后，我将会有更多的作品问世，以不辜负大家对我的鼓励和期待。

齐铁雄
2024年1月于石家庄

目录 CONTENTS

第一章　定位

一、你的定位在哪里　|　3

二、找准自己的定位　|　5

三、对世界不同的看法，源自认知的不同　|　6

四、要和别人不一样　|　8

五、聚焦一个领域　|　10

六、懂得拒绝　|　13

七、贵在有所取舍　|　19

八、个人品牌塑造　|　23

九、成为意见领袖　|　28

十、处处都是定位　|　31

十一、人生需要断舍离　|　34

十二、有关定位的案例　|　37

第二章　构建传播链

一、取名与广告　| 43

二、八条措施提升品牌形象　| 45

三、传播载体　| 50

四、微信朋友圈　| 52

五、视频号　| 57

六、有关传播的案例　| 59

第三章　引流

一、"借"的智慧　| 67

二、免费中有收费　| 70

三、顾客是你的，也是别人的　| 73

四、体验卡与小药箱　| 76

五、短视频　| 79

六、利用学校引流　| 80

七、窗口单位引流　| 81

八、慢病宣教引流　| 83

九、转介绍引流　| 86

十、其他引流　| 88

第四章　沟通

一、顾客心理解读　| 93

二、倾听就是解决　| 95

三、不可触碰的"四个不" | 100

四、中医沟通话术 | 103

五、两个沟通技巧 | 106

六、菜单模式 | 108

七、有关沟通的案例 | 110

第五章　成交

一、四个"值" | 117

二、推销与营销 | 120

三、影响力能当钱花 | 124

四、成交"三部曲" | 127

五、成交类型 | 130

六、人际关系的三种境界 | 132

七、礼品是最好的载体 | 135

第六章　5S 管理

一、5S 管理的前世今生 | 141

二、5S 管理的具体操作 | 144

三、颜色与光线 | 148

四、灵活应用5S | 151

五、门店标识 | 154

六、表单、凳子和服务 | 156

七、提升素养 | 158

第七章　服务

一、回访制度　| 　163

二、医生的"六个清楚"　| 　171

三、修炼自己　| 　174

四、持续服务的"金钥匙"　| 　182

第八章　盈利

一、经营的"三个重点"　| 　187

二、收费的艺术　| 　191

三、盈利有方法　| 　195

第一章 定位

☐ 定位不当,终身流浪;方向不对,努力白费。
☐ 对世界不同的看法,源自不同的认知。
☐ 定位决定地位;舍弃才能得到。
☐ 被成功的人影响,会成为成功的人;
　被失败的人影响,会变成失败的人。
☐ 你看到的,都是别人故意让你看到的。
☐ 你是谁不重要,别人认为你是谁才重要。
☐ 可以有所不能,但必须有所不为。

有句话说：定位不当，终身流浪。

定位是指选好停靠的港湾，并抛下专业的"锚"。用在门店经营上，多指让门店这艘"大船"找到立足之地，让技术研究和经营管理专业化，为明日启航蓄满澎湃的动力，它是裂变系统的基础。

定位是因，裂变是果。没有定位或者定位不准，门店营销体系无法建立，哪里还有裂变营销？

一、你的定位在哪里

以人生成长为例,让大家了解"定位"的内涵。

假如人生有三种角色:教练、观众和裁判。你想做哪一种?

教练:教别人的,教别人掌握一种技能。

观众:看热闹的,俗话说"打酱油"的。

裁判:点评别人的人,决定谁对谁错的人,是古代的判官。

这三种角色身份不同,成长过程中的收获也不一样,但有一点是清晰的:他们都没办法拿到运动比赛的金牌。

那么,谁能得到我们想要的结果,拿到金灿灿的金牌呢?

答案是运动员!

只有参赛的运动员,才有拿到金牌的可能!

无论是传道授业的教练,还是看台上的观众,又或者是掌管生杀予夺大权的裁判,都不是站在领奖台上的那个手拿金牌的人。

"临渊羡鱼,不如退而结网。"无论是经营门店,还是学习知识,都要积极参与。深度参与,像运动员一样去参赛,这就是大家在学习、成长中的定位。

不同的领域有不同的定位，我们都有自己的专长，因为长期深耕，已经成了该领域的专家。虽然你是儿科专家、耳鼻喉大咖、中医贴服高手，但在门店经营管理方面，可能还只是一个小白，是个门外汉。君不见，许多专家跳出自己的研究领域去发表言论，沦为笑柄。

若一个人只懂技术不懂经营，那么技术再好也不足以支持门店盈利。大家在定位好自己的专长之后，还需要再给自己一个经营定位，帮助自己提升盈利能力，完善裂变体系。

在一次公开课上，有个医生学员问我：你是医生吗？你能给人看病吗？从他的语气和表情，我听出了他的潜台词——你既然不是医生，怎么能教我们赚钱？我对他说：我不是医生，也不会给人看病，我只研究一个问题，那就是让门店赚钱。你整天研究技术，但你不研究经营，技术再好你也赚不了钱。而我，什么病也不会看，就会让门店赚钱，我从事的就是这个职业。这就是我的定位。

诊所营销是我的定位。这是我多年深思熟虑、思考积累的结果。曾经，我也有过迷惑，没有自己的职业定位，我想过成为个人成长教练。后来发现这个定位不够准确，我自己当时还不是一个成功人士，怎么教别人成长、成功呢？另外，这个表达也不够清晰，别人不知道我的特长是什么。后来我修改了自己的定位，结合我自己的专业和人生经历，我把自己定位为诊所营销专家。

这样的定位表述，别人一看就知道是做什么的。每个人都应有自己的发展定位，要用一句话表述出来。尽量简短，具有容易让人记住、容易传播的特点。

定位表述有个原则，那就是尽量详细、尽量精准。比如，"医生"就不如"耳鼻喉医生"精准，"耳鼻喉医生"也不如"耳鼻喉专家"清晰。

二、找准自己的定位

定位是定自己的未来，是强化自己的心智，是为自己的未来指明发展方向。

比如，明确了自己要成为一个疼痛专家，未来一定要在这个领域发力。定位明确以后，目标也就清晰了，工作内容也就清楚了：只研究疼痛，成为疼痛专家！未来三年、五年、十年、三十年……只研究疼痛，和疼痛有关的事就参与，无关的都拒绝；与疼痛无关的人不交往，与疼痛无关的课不去听，与疼痛无关的钱不去挣。

但是，有些人很浮躁，如水中浮萍，漂来漂去，隔段时间就换一种想法。不断地换技术、换项目、换老师，没有深耕一个领域，因此越来越迷茫。"术业有专攻"，每个人都有自己的长项，不可能什么都擅长。我要理发，一定要找一个职业理发师，咨询一下适合我的发型，而不是我根据爱好自己做主。至于其他方面，你可能也很擅长，同时精通几个领域也是可能的，这并不奇怪。你可以什么都能，但不能什么都做，必须学会有所不为。

现在，为了学习和成长，请大家先把自己定位成学生。

三、对世界不同的看法，源自认知的不同

这个世界是什么样子的？你是什么样的人？可能没有真相，也可能有真相我们却无法准确表达。但在每个人的心中，一定有他对世界的看法，有他对你的看法。他对世界和对你的看法就是认知，在营销领域，认知比真相更重要。

"一千个读者就有一千个哈姆雷特。"这句话的意思是：人们观看的是同一部戏剧，但对剧中人物的印象各不相同。所以，真相是什么，我们大可不必关心，把它交给科学家吧，我们只关心消费者对我们的认知。

心理学家做过一个实验：让受试者看一则广告，开始时受试者不相信广告的内容，等看到第21遍时，受试者就信以为真了。

你看，谁能经得起一遍又一遍的信息轰炸呢？而真相，早被这漫天乱飞的信息轰炸得没了踪影。

我们开诊所，都遇到过这类事情：某个不知名的医生，因为宣传得好，成了当地患者心中的名医，但和他一起工作过的同事都知道，这个

人的技术一般，没什么特别的。等他成为"名医"后，当年和他一起成长起来的人都会说"当年他还跟着我学习呢""我们单位和他技术一样好的人有的是"。墙内开花墙外红，多数也是这个道理。

你可以说他技术一般，甚至远远不如你，但面对无数朝他而去的患者，你还能说什么呢？

那些认为技术好就能赢天下的人，其实是犯了一种病，叫作"技术综合征"。最典型的表现就是，过分痴迷技术，认为技术高于一切，有了技术，就拥有了所有。其实技术只是一个方面，绝对不是全部。我在《我为基层诊所代言》一书中，曾经详细论述过这个问题，大家可以找来看看。

..。市场裂变。..

四、要和别人不一样

定位越详细越好,越详细越容易和别人不一样,更能让顾客对你刮目相看。

拿饮用水行业来说,乐百氏说他是"27层净化",意思是水非常干净。如果你是他的竞争对手,你说你是"28层净化",那你就永远在他的阴影里,因为没逃出"多少层净化"这个框架。你看农夫山泉,不在多少层净化上定位,而是定位于"大自然的搬运工"。农夫山泉的水净化吗?当然净化,即使是百分之百的山泉水,如果不净化也不干净,但其对此只字不提,不去踩乐百氏的"坑"。其他几个饮用水企业,也采用区别于他人的定位。例如,华龙的"白开水",康师傅"多一点,生活更健康",元气森林的"0糖0脂0卡",都取得了不错的营销效果。

我们说自己是医生,这个比较容易,也算清楚,但不够精准精细,别人印象不会太深刻。医生多的是,别人凭什么会记住你?你应该这样定位:我是儿科医生,妇科医生,治疗疼痛的医生,治疗鼻炎的医生,等等。

要求再严格一点,这个定位还有点宽泛,需要更进一步。比如,耳鼻喉医生也很多,你的特点是什么?例如,某健康管理公司定位于治疗"压力导致的头疼"。大家知道,现在企业之间竞争很激烈,很多领导晚上睡不好觉,患有头疼病的人很多,定位于治疗压力导致的头疼,这个定位就很精准了。

一定要找到自己的"亮点",找到和别人不一样的地方,门派、地点、药品、手法,只要与别人不一样的,都可以采用。

把自己抬高一些是一种商业规律。有人总觉得,如此"抬高"自己,是不是有吹牛之嫌?其实,这只是商业之道,与道德并没多大关系。"王婆卖瓜自卖自夸",王婆不夸自己的瓜,难道还夸别人家的瓜?我们不管做什么,都需要按照规律办事。

五、聚焦一个领域

开一家门店，不管是诊所还是其他健康机构。首先要选一个专科，之后要选产品和服务，选完产品和服务后要设计变现环节，实现盈利后确定模式然后推广，开设连锁分店。这是构建企业帝国的流程和步骤。

选专科就是确定诊所的定位。解决的是企业聚焦在哪里的问题，它是设计裂变系统的第一步，也是最关键的一步。

我们从分析两个老生常谈的问题开始。

第一个问题：为什么技术越学越多，顾客却越来越少？

想说清这个问题，我们先回顾一下诊所发展的三个时代。

第一个时代是药房时代。那个时候，只要有药卖，会卖药，会打针，会输液，基本就能赚到钱，而且赚得很轻松。

第二个时代是技术时代。拨针、套管针、银针、敏化针、贴服、直肠给药、推拿、艾灸等。那时，很多药企都用技术压单，因为引进技术，增加了不少收入，技术在收入结构中占比非常高。很多人的第一桶金，就是在那个时代赚来的。

第三个时代是品牌时代。也就是你把它经营成一个品牌，诊所品牌或者个人品牌，让别人对品牌产生良好的认知。品牌是获取利润的重要路径。如果你用第二个时代的思维去适应第三个时代，你一定会被淘汰。

定位之前，先明白诊所处的时代，这样能从更高维度俯瞰自己。

第二个问题：为什么产品越来越多，可收入却越来越少？

不是技术没用，也不是产品和服务不好，而是定位不够清晰，品牌没有建立起来，顾客对你没有形成视觉锤式的认知，无法将你和某一种治病能力链接在一起。

顾客连想都想不到你，他们怎么会找到你？

你需要建立链接。所谓"链接"，就是把人和某种能力绑定在一起。这种绑定可以是实体上的链接，但更多是认知上的。比如，提到齐铁雄老师，你第一个反应就是这个人是讲大健康的，能让你的诊所经营得更好。齐铁雄老师就和赚钱能力"链接"在了一起。

当链接建立起来后，就形成了个人品牌。

随着信息技术的发展，个人品牌时代已经到来。

过去，人们重点打造的是企业品牌。我们经营诊所和健康管理，完全可以通过打造医生个人品牌，来提升我们的盈利能力，实现品牌营销的目的。

打造个人品牌，需要研究两件事。

第一件事是聚焦，聚焦一个领域。

很多人整天忙忙碌碌，甚至没时间休息一会儿，结果却是碌碌无为，两手空空，根本原因就是做事不聚焦。人的精力是有限的，同时做好几件事，一事无成的概率很大；相反，全部精力聚焦在一个领域，哪怕再傻再笨，也会像滴水一样，穿透阻挡事业的石头。

第二件事是复利。你做的每件事情，都应该为自己的事业加分，日久天长，循环往复，积土也能成高山，积水也能成深潭。要明辨是非，与之无关的事情一律不做。比如，你不打算做妇科医生，正好有个妇科课程，管吃管住管接管送，还赠送旅游，赠送……你去不去？不去。你去了，从投入产出角度看，你是赔钱的，你说没有赔钱，但你赔了时间、赔了精力。

因为，它不能产生复利，不能为你的事业加分。

时间交给了谁很重要。能否产生复利是你做什么不做什么的标准。如果你已经确定要做儿科，那就把时间全交给儿科。

六、懂得拒绝

聚焦就是做减法：与事业无关的资产拒绝购买，与事业无关的项目拒绝参与，与事业无关的活动拒绝参加，与事业无关的朋友拒绝结交。

你有过以下类似的经历吗？

有一套房子，价格很便宜，但你不需要，最后你还是买下来了。有一场应酬，你明知道去了没有收获，不好意思拒绝朋友的邀请，你还是去了，结果你耽误了时间。朋友介绍了一个项目，看似十分赚钱，非常有诱惑力，你参与了，因为不熟悉这个领域，结果一无所获。

假如你有个朋友，整天牢骚满腹，怨天怨地，充满了负能量，给你带来一些负面信息，这样的人离他越远越好。

为什么呢？因为你的精力太分散了。把精力都用到无用的事情上了，消磨了大量时间和精力。事业怎能干好？就像一家饭店，今天卖刀削面，明天卖驴肉火烧，后天卖麻辣烫，过段时间又改成卖煲仔饭。饭店没有聚焦的业务，整天追着时尚跑，每个项目都消耗不少的精力，最后的结果是，连附近小区的老百姓都不知道它是做什么的，有什么特色，普通顾客就更不明白了。

定位意识不坚定，诱惑太多，经常被小事干扰，自己的事业只好先"放放"，放着放着就搁置了。

做最擅长的事情，拒绝不擅长的事情，这就叫"有所为有所不为"。有所为固然重要，但能做到"有所不为"则更需要智慧。我过去讲亲子教育，讲婚恋情商，也讲超级演说。在演讲方面，可以说有点无所不能，后来我明白了这个道理，专注于诊所营销，其他的全部放弃了。

要想聚焦，一定要拒绝无用的社交活动，耐得住寂寞，挡得住诱惑。在互联网时代，各种信息满天飞。整天抬头看天，就看不见脚下的道路，说不定就会被绊倒。拒绝了眼前的诱惑，就进入了"高处不胜寒"的境界。寂寞，将时时围绕在你的身旁。

你抵挡不住"诱惑"：参加了朋友的活动，赠送一个澳门"两日游"。这说明你没有聚焦，不明白自己想要什么，应当怎么做。一个免费的"两日游"就把你"拐"走了，结果是你收获了一堆自己不想要的东西。

你碍于朋友的面子，不想让朋友失望，喜欢让朋友说热心肠，不愿让朋友说自己不好，但你只要去了，你的精力就被分散了，自己的事业就被友情耽误了。

还有一种情况，一位三年不联系你的人，突然给你打电话要求见个面，请你不要轻易答应。加了你微信以后，从来都不跟你说话，这样的微信好友不要信。

我们活在社会上，以帮助别人为荣，进而实现自身价值，这是值得欣慰的。如果我们帮助的人，再去帮助别人，我们对社会的贡献就更大。但这不是说，我们什么人都要帮；善良固然值得称颂，更值得称颂的是，和智慧融合的善良。单纯的善良是愚蠢的善良，不一定带来好的结果。

喜欢取悦他人，是我们常犯的一个错误。为了讨好别人，我们牺牲了自己。所以在别人的眼里，我们"是个好人"，但"是一个没用的好人"。

过分关注别人的感受，结果往往是让人失望的。在商业活动中，你有多大的实力，就有多大的话语权。你所有的聚焦，都是为了提升实力，提高话语权，赢得别人对自己的尊重。

我聚焦这个行业20年，积累了丰富的经验，因此获得了巨大的影响力。这些年来，我没有参与实体经济，没有做过产品，没有做过跨行业的项目，一心一意研究诊所经营，为很多诊所提供了有效的服务，业绩是会说话的，都是聚焦的结果。

有个朋友开了一家门店，他说：齐老师，我的门店要开业了，您能不能过来给指导一下？这个朋友不是一个诊所大夫，而是一个做药的老板，他可能和别人合伙开了一个门店，应该是不知道怎么经营，就给我发了个信息。

他开了一家门店，要我过去见面聊聊，他和我能聊什么？一对一地咨询吗？我收费很高，他肯定接受不了，直白一点说，他是不想支付费用。我是这样考虑的，他即便请我，我肯定也不会去，我做不了一对一的帮扶，没有那么多的时间。所以，像这样的活动，我一般是不去的。

可是很多人做不到，明明知道没有价值，还是碍于面子去了，都是因为没有弄清自己的定位。

我们每天收到无数信息，什么样的信息该回，什么样的人该见，什么样的活动该参加，自己心里都应该清楚。

拒绝是一门艺术，有时需要勇气，有时需要智慧。看似简单的一句话，的确不容易做到，我深有体会。

我有一个好朋友，是做新闻出版的，我出书时他也帮了很多忙。一天，他给我发信息，让我去帮扶一家医院，医院院长和他是好朋友。这家医院原先是别人经营的，两年后就倒闭了。换了这个院长干了两年，医院还是没有起色，朋友非让我去见见院长。朋友告诉我：你去了之后，院长会请你去做内训。我清楚地知道，那位医院院长原来在公立医院上班，是技术出身，思想非常保守，我俩见面不见面结果是一样的，没有什么价值。我就找了个理由拒绝了。但朋友不甘心，三番五次找我，我实在没办法，还是去了。院长端坐在一条凳子上，一边晃着头一边问我："你是小齐？听说你讲医患沟通可以，效果挺好的，我们医院你能给讲讲吗？我们的教授经常过来讲课，一堂课收费四五千元。现在医院开支非常大，你看能不能……"我们俩的认知根本就没有在一个层次上。

我只好听他说，说完我找个理由赶紧撤了。

对我有加持的人，我与他紧密合作，对我没有加持的人，消耗我的企业我远离他，不能带给我正能量的人我远离。人品不好的，产品不好的我远离。还有一些说话不算数的人，他可以伤害我一次，但我不会给他第二次伤害我的机会。

比如，有人预订了我的书或我的课，支付费用时很不情愿，这个人就会进入"我的黑名单"。我没有拉黑他，但我永远不会再和他合作了。我会很礼貌地拒绝他。比如，不好意思，王总，我的书断货了；抱歉，我的课已经被人预约了；如此等等。

拒绝别人是一门艺术。一般有以下步骤：认可—愿意—不能。

第一步，认可。

不管对方提出什么要求，只要对你的成长没有加持，都应该拒绝。

但鉴于各种复杂关系，拒绝对方时还不能不高兴，毕竟关系还需要维持。可以这样说：你的事情非常好，我也愿意参与。比如，有人邀请你参加一个晚宴，你可以说："这个晚宴安排得太好了！非常感谢你，大家好长时间没见面，的确应该好好聊聊。"

第二步，愿意。

因为是好事，所以我真心愿意参加。你可以接着说："我早就想和大家见个面了，非常想念大家。"

第三步，不能。

寻找理由，理由要自然、坚定，不给对方留下劝说你的空间。"只是，我家老人生病了，离不开我。祝你们……"

按照这三个步骤进行，既没有得罪对方，又实现了自己的目标。

当然，如果这个人没有正能量，你不想再与他交往了，这些方法可以不用，直截了当地回绝就可以了。

对自己没有帮助的人，我们要慢慢远离。不管在情感方面，还是事业方面，我都有挥剑斩情的能力。有人说我这是心硬，有时我们就需要心硬。这个心硬不是不善良，而是高度的理性，将我们的善良用到合适的人身上，产生更大的社会效益。所以，我有一刀两断的勇气和智慧。要想成就大业，必须做到这一点。

有时，我们需要和自己一刀两断，和自己的过去、过去的思维方式、行为习惯和价值观一刀两断。

估计你也有类似的经历，不知你有没有这样的勇气和智慧。

还有一种情况，去之前你不了解具体情况，去了才发现价值不大。某中医培训平台让我去讲课，他们说自己平台很有人气。我第一次帮他们开直播，只来了30多个人。准备公开课需要我半个月的时间，结果只来了30多个人。我自己在视频里开直播，平均每场都有1000人，旁观者有1000多人。如果我知道这种情况，我是不会讲的，这也是困扰我的。信息不对称，只听对方一面之词，浪费了我的时间和精力。

　　这时，最好的办法就是及时止损，别再继续消耗下去。

七、贵在有所取舍

我讲大健康营销，是职业定位。定位是聚焦和锁定，锁定专业后，就可以锁定群体、锁定地点、锁定价格等。企业经营如此，人生也如此，处处都需要定位。

我的定位锁定在医护工作者。我讲门诊营销，目标群体是医护工作者，其实营销的底层逻辑是一样的，只是表层略有区别。即使这样，有人请我去给其他群体讲营销，我也不能去，不是我擅长的领域我不去。

我不会把时间浪费在与我的领域无关的人身上。从更高层面讲，他们与我的能量不匹配，与我的思维方式不匹配，与我的身份不匹配。如此，我的人生会越来越没有颜色，黑白人生是没有价值的人生。

取悦所有人，就是得罪每个人，也是伤害了自己。企业要想经营好，一定要懂得"取舍"。

一个专家应该是有个性、有人格的，应该有所为，有所不为的。不是给我钱，我就能给你讲课；不是给你钱，你就给人看病。什么样的病可以看，什么样的病不能看；什么样的人能给他看，什么样的人不能看，都要有所选择，有所取舍。

学习也一样，要分清楚学习平台。什么平台值得跟随，什么平台不要跟随，都需要我们去思考、去锁定。

当你做的事情多了，你犯错的概率就高了。讲营销，我就讲得非常专业，但非得让我讲亲子教育，效果就不会太好。因为讲亲子教育，有比我讲得更专业的。

为自己的品牌加分，就是做事要考虑复利，那就必须做好一件事情。记住两个原则：扎根一个领域，一直深耕下去，不出成绩，绝不放弃；永远不碰不擅长的事，否则会影响你的形象。

再说一遍：你可以无所不能，但必须有所不为！

拒绝越多，得到越多；

放弃越多，收获越多；

扔掉越多，捡起越多！

这是因为：我们头脑的容量有限，可用的时间有限，体力和精力有限！

看得越多，听得越多，记忆就越混乱，精力就越分散。

删掉多个，留下一个，研究会更加深入。

只看一个，只听一个，理解就会更透彻。

肯德基、麦当劳的店里没有酒水，也没有端茶倒水的服务员，没有安静幽雅的雅间，这是为什么？

答案是：你不可能挣尽所有人的钱。只能锁定一个群体。相反，如果奢望所有群体，结果是一个群体也锁定不了。

从学习平台角度定位，我们一定要选择有利于自己发展的平台，如国药这样的企业，大家跟着没问题。但是有一些小的平台，资源不够丰富，内容含金量低，跟着这样的平台就得不偿失，投入产出比不理想，综合算下来是亏本的，不值得跟。

比如，你一个月参加了五场活动，关了十天门，你耽误了时间，但因为平台不够优秀，你越听越迷糊，浪费了时间和精力，得不偿失。

好大夫不仅会治病，还要掌握为人处世的原则，处理好复杂的人际关系。

当一个好大夫，要了解基本的人性。怎么做人，怎么做事，怎么做学问，怎么做一个好大夫，怎么做一个好专家，怎么做一个好老板，怎么把诊所管理好。要知道什么事能干，什么事不能干。

从现在开始，你必须锁定自己的事情，做事要有重点，学会拒绝。你要明白人的一生，时间才是最值钱的资产。

竞争的本质是什么？是抢夺注意力。你应该把注意力放在有利于你发展的项目上。否则，付出难有回报。你本来想干一个专科，干得好好的，结果有人劝你，说有更好的选择，你动心了，换了别人的专科。结果可能就是，被你干得一塌糊涂。

请记住这句话：成长路上，有很多人会给你建议，选择听谁的，将决定你的命运。

多年前，我计划创业的时候，有好多亲戚朋友，包括我的父母，都对我说：孩子，这样干不行，最好找份稳定的工作。如果我听他们的，我现在就是每天朝九晚五，按部就班地过日子。而这并不是我想要的，我会生活得非常不开心。于是后来我选择了个人创业。

当我第一次登上讲台的时候，有人说：你不行，你没有学过医学，讲不了这个课。我如果听他的，我的梦想就被偷走了。那么，中国基层门诊讲台上，就少了一位重量级的导师。在成长的道路上，你选择听谁的非常重要。你一定要记住：被成功的人影响，你就会取得成功；被失败的人影响，你就会变成失败的人。

市场裂变

这个世界上很多人都希望你好,但没人希望你过得比他好。

不要随便去参加别人的会议。那么,什么样的会议你能参加?

和你有关,对你有用,就可以参加。

和你无关,对你没用,你不要参加。

如果不能得到成长,不能学到技术,找不到可用的资源,还耽误你两天时间,你去干啥?

八、个人品牌塑造

品牌时代，不仅企业需要塑造品牌，个人同样需要。品牌塑造的目的是什么？这里需要注意以下两点。

第一点，让别人知道你是干什么的。

每个人的社会价值，在于为别人做了点什么，它是通过具体工作体现出来的。让别人知道自己是干什么的，就是帮助别人，实现自身价值的意义。这也是传播个人 IP 的方法和途径。

第二点，让别人知道遇到什么问题时找你。

这个定位越明确越清晰越好，医院的定位就不如儿科清楚，儿科就不如小孩儿发热清晰。当自己孩子发热时，面对的选择一个是儿科，一个是小孩儿发热，你肯定选择后者。

几年前，我也曾困惑过。我对当众讲话比较感兴趣，但它还可以细分成好多不同的领域，如脱口秀、演讲、话剧演员、讲师等。我原来想过当脱口秀演员，想过当超级演说导师，也想过当婚庆主持。后来我对这几个选择做了分析，做出更加细分的定位——诊所营销专家。把帮助基层医生赚钱当作实现我人生价值的途径，也能充分发挥我演讲的才能，我因此感到生活充实而有意义。

我是这样分析的：不管脱口秀演员，还是婚庆主持人，或者是夜场主持人，都与演讲能力有关。但不同选择的结果完全不同，当婚礼主持人，学唱二人转，本质是博人一笑，收入不稳定，最主要的是不能帮助别人。后来我爸生病了，我对这个行业就比较了解了。我过去又是做健康行业的，从22岁开始做了10年。我又是懂营销的老师，过去就是搞营销的。一个懂营销的人，还会演说，还懂医疗。把这三件事融合在一起，我做了一个组合定位：一个会演说的、懂营销的老师，而且专讲医疗，不讲别的。在医疗里边，只讲第三终端，不讲医院，不讲药房，就讲基层门诊营销。

注意，当我把这个品牌打造出来以后，慢慢地，很多药企的人就知道了齐老师，能说出齐老师是干什么的，齐老师能解决的问题也就明白了。比如，齐老师能解决以下问题：诊所没有门诊量的问题；帮助医生解决医患沟通问题；基层门诊收入不理想的问题；等等。

品牌塑造的过程，就是分析自己、分析环境的过程。归纳起来有以下几点。

1. 自己必须喜欢

我不主张把爱好当事业，但能当作事业的，一定是自己喜欢的。因为喜欢，才能深入研究，孜孜不倦。和不喜欢的人结婚，能得到幸福吗？和不喜欢的朋友交往，能获得友情吗？把不喜欢的事情当成事业，能做成功吗？

2. 你必须有所擅长

比如，你是一个67岁的老中医，从小就喜欢中医。《黄帝内经》读过100遍，《本草纲目》读了100遍，《伤寒论》读了100遍，你知道很多中医典故，华佗、李时珍、张仲景以及当代国医大师。他们的成长经历你都知晓，那你是真喜欢，你就能把中医干好，定位于中医针灸或其他。如果只是为了赚钱，你就干不长，无法塑造长期优势。

比如，你觉得美容很挣钱，就选择去做美容手术，而自己学了一点点皮毛，技术不行，没有人敢让你做手术。

人，应当学习如何利用自己的优势和长项，如何避开自己的劣势和短处。

你喜欢疼痛吗？如果你一点也不喜欢，请不要碰它！

你喜欢研究耳鼻喉吗？如果只是为了挣钱，请不要碰它！

你喜欢传统中药吗？如果你对它兴趣不大，请不要碰它！

你喜欢儿科吗？如果你看到孩子就头疼，请不要碰它！

3. 对别人有帮助

社会上有很多职业、很多项目，都能让我们挣到钱。但我们不选择它们，是因为它们不能帮助别人，让我们没有成就感。

我们是医生，因为自己的付出，帮助病人解除了痛苦，我们也获得了收入，这是值得骄傲的事情，是有价值、有意义的事情。如果一家药企，生产了某种药品，不仅为国家贡献了税收，也帮助了患者，就值得大书特书。我现在帮助基层医生实现盈利，自己非常有成就感，浑身上下都充满了力量。

以我现在的选择为例。首先，我喜欢健康行业，我爱人是护士，我爸爸住过院，我对这个行业充满了期待。其次，我过去也从事过这个职业，具备这个能力，擅长做这件事。最后，这个职业能帮助医生摆脱困境，让诊所能持续经营。

天时、地利、人和，决定了我的选择。这是我职业定位的依据和理由。

品牌塑造至关重要,成功的人一直在塑造自己的品牌。你平时认为这个人是怎样的,其实他未必是这样的,你看到的,都是他让你看到的,他不想让你看到的,你永远都看不到,这就是个人品牌塑造的底层逻辑。

很多人问我,什么是可持续的。但没有人问我,未来不变的是什么。

大家关心未来,关心变化,这是可以理解的。但未来的本质是不可预测的,具有不确定性。技术是不变的吗?答案是否定的,医疗技术、医疗产品一直在升级,我们今天用的技术和产品,明天可能就会有替代品。单是治疗糖尿病的药物和方法,这几年就升级了许多代。先是口服胰岛素,后来直接打胰岛素,再后来有了泵,直接装到肚皮里面。最初的药卖得再好,也会在某一天被淘汰,因为有了更好的替代品。

回顾一下,是不是什么疗法都是一阵?贴敷一阵风,针法一阵风。但是,不管怎么变化,生老病死的规律一直在,治病救人的需求一直在。这两点决定了医生的价值一直在。

我们找规律,就是找到不变的东西。对医生来说,不变的就是个人品牌。我们学习定位,做好包装,充分展示,最后造福病人,进而影响身边的人。所以说个人品牌永远不变,我们要把自己的个人品牌做好。

2015 年之前,我是一个无名小卒。我在一家公司担任营销经理,去过六七个国家,年收入大约 50 万元。但是,我不懂门店营销。当我进入这个领域时,我在全网搜索,竟然找不到对标的人。

于是,我决定先当这个人。

我做了一件事。我用多年积累的复利,确定了我的职业定位——门诊营销专家。

人们对你的印象,是你自己塑造的。你打算给患者一个什么样的印象，你就得出示给患者什么，你出示绿叶，别人就把你当绿叶。只想当绿叶，在别人心目中，你就永远成不了红花。

因此，我们应该认真塑造并维护自己的个人品牌，如一个有情怀的医生，一个身怀绝技的医生，一个治疗某种疾病的名医，等等。

九、成为意见领袖

意见领袖在某个领域内拥有较大的发言权。

齐老师就是门诊营销的意见领袖。你们都可以在自己的领域里成为意见领袖，时间还来得及。现在网络上与我有关的信息，都非常专业。但是在 2016 年之前，百度上有关我的信息一大堆，什么内容都有，如亲子教育专家、演说高手、沟通导师等。和今天的我没有一点关系。如今，我定位于门诊营销，在这个领域，在全国范围内，我是拥有强大话语权的。

在信息爆炸的时代，大多数人都非常浮躁，几乎没有时间去观察、了解事情背后的真相只看到表层的现象，就因此而认定某件事情。

所以，我们的个人品牌定位非常重要。不要随便表现，因为大多数人会认为那些表现就是真实的我们。

因此，你需要先确定以下四点。

1. 你是什么医生？你可以治疗什么疾病？你带给患者的价值是什么

比如，你是全科医生，什么病都能治——心肌梗死、恶性肿瘤、四肢瘫痪、慢性肾衰竭、冠状动脉手术、脑中风、重大器官移植、发热、感冒、头疼、子宫肌瘤、卵肠囊肿等。如果你能解决这么多的病，别人就记不住你。一般人就会这样想：他什么都会看，一定是什么也不专，什么病也治不好。

一个饭店，菜单厚得像一本书，这个饭店一般做不好。因为人们时间太紧张，没有时间挑选。

你要明白：你能解决什么问题；能治什么病；你的价值在哪里，要把这个价值无限地放大。

比如，你给患者介绍治疗腰椎间盘突出的方法，你介绍的技术对患者有什么用？你说，我可以让你的腰椎间盘突出迅速缓解、今天晚上能给止痛，就能明显得到缓解，一个月以后恢复正常。顾客一定感兴趣。

2. 患者为什么会选择你

如何让患者相信你说的是对的？你可以这么说："我治疗疼痛已经做了25年了，我没有做过别的，我们诊所专门看腰椎间盘突出，还有颈肩腰腿痛。只要和疼痛有关的疾病，我都擅长，你的病正好是我擅长的，是不是？"

然后你拿出一个平板电脑，对患者说："这是一本电子手册，里面有很多我治疗的患者的案例，你可以看看，他们都是有名有姓的。"

你也可以把照片洗出来，装订成册后给患者看。

"这个王小姐，腰椎间盘突出，我去年治好的。这个李先生，腰椎间盘突出，也是在我们这里治好的。这是张大妈，颈肩有点问题，脾虚胃寒，我给她扎足三里，也帮她扎好了。"

还有很多方法，证明你的话是真实的。

"这是锦旗，这是证书，还有我发在知名期刊上的论文。你把可以在百度上搜一下，都是第一作者，上面是我的介绍。"

这些是常用方法，还有许多个性化方法，你只要想，一定能想出来。

3. 患者为什么在你这就诊

因为你的技术好，而且价格合理。

4. 为什么患者现在就接受你的治疗

这个问题是至关重要的，是成交的关键。

比如，你可以从患者病情的角度进行分析："腰椎间盘突出分四个阶段：第一个阶段是保守治疗；第二个阶段是做射频；第三个阶段是做孔径；第四个阶段是做手术。你现在第一个阶段，治疗起来痛苦小，花钱少，还可逆。"

再比如，面对糖尿病患者，你可以这么解释："血糖餐后高到 13，病就不可逆了。要趁早治疗，晚治疗困难要大得多。"

"在我这里治疗，第一，省钱；第二，痛苦小；第三，最主要的是，如果再不治就控制不住了。预防早于治疗，健康高于财富，这道理你应该知道。"

一般情况下，回答完以上几个问题，患者就能相信你，并立即接受治疗方案。

十、处处都是定位

前面讲的定位大多是专业定位，如先选择治疗哪类疾病，接待的是什么样的患者，什么样的人群是目标客户群。之后要选择店面位置，主要依据目标客户群的居住地。再之后，要定价格、定服务……专科是纲，确定了专科，其他都要围绕这个纲来确定。其实，营销过程中处处需要定位。

选定专科，再锁定顾客人群，即你给什么样的人群看病，你锁定人群的经济实力如何，这些你都要考虑。这叫优化细分锁定人群。

做好客户群定位后，下一步就是选址。选址是老生常谈的问题，要考虑周边环境。

1. 周边有银行

这不是为了让顾客取钱方便。这是因为，周边有银行的小区说明小区住户的经济条件好。政府做规划时，或银行在选址时，都会找咨询公司做调查，以便选址在经济比较好的地方。银行需要有人存钱，如果开到一个穷地方，大家都没钱，银行肯定吸收不到存款，会赔钱的。

2. 周边有公交车站

有公交站代表有人流量。政府规划局不会在没人去的地方设上公交车站。

3. 旁边要有社区高楼，最好有回迁房

路两边是办公楼效果不会好。因为企业都有定点工伤医院，办公楼的人生了病都会找定点医院，不会去路边诊所的。

4. 旁边没有竞品

你定位于针灸，旁边是朱汉章门诊，谁还愿意去你的诊所？应该远离比你做得好的人。

比如，我想开一个诊所，旁边是治疗鼻炎的，做得特别好。我在这里开鼻炎诊所一定不行，但我可以开疼痛诊所。所以说，要跟自己的竞品企业拉开距离。

5. 环境

过去讲风水，用今天的语言来讲就是环境。就是进入诊所后的感觉，包括空气怎么样，房间缺不缺角，是否宽敞明亮，有没有违背古训的地方。比如，厨房在西北角，叫作"火烧天门"；古人讲，左青龙，右白虎，白鼠抬头，子孙不留；房子后边有没有靠山，屋里边有没有横梁，房子是不是通透的，空气流通不流通，房子有没有债务纠纷；隔壁是干什么的，如果是卖花圈和卖寿衣的，人们就不愿意去你诊所看病，嫌寓意不好。

选址后，还要考虑装修。诊所的业务不同，对装修的要求也不同，不能随便装修一下了事。装修风格要和科室有关。比如，做中医，房间里应该摆一个雕像，如华佗、张仲景、李时珍等；还要摆放一些易学古籍，如《本草纲目》《伤寒杂病论》《易经》等；要有艾灸时袅袅升起的烟，进门能闻到艾灸的香味儿；还可以播放用编钟弹奏的悠扬的音乐；医生应该身着中式服装。桌上放一个脉枕，看病时聚精会神，不能心不在焉地给病人号脉。

文化是组织的灵魂。企业定位也包括文化传播定位：你的诊所文化及诊所文化的主题语是什么？诊所的愿景是什么样的？价值观是什么？这些都要与诊所定位相匹配。

"医齐播，好课多"，是齐老师直播间的一句话，是我的文化主题语，简单六个字，很容易就被人记住了。易记、易读、易传播，是对文化主题语的要求。我们要认真设计自己的文化主题语。比如，治疗疼痛的，可以采用"愿天下没有疼痛"之类的句子。文化宣传怎么做，是定位时就应该思考的问题。

此外，还需要做好产品设计。一般来讲，应该至少有三个产品。

一是引流产品。其实是鱼饵，就是很便宜或者免费送的产品，用来吸引流量。

二是拳头产品。有了引流产品，还要有拳头产品。拳头产品可以利润不高，但能够增加口碑，是你有而别人没有的，或者别人也有，但你的比他的好。总之，拳头产品具有不可替代性。

三是利润产品。利润产品的特点是利润高，只有少数人能买得起。拿我来说，公开课是免费的，拳头产品是我的书。我的书是同行没办法复制和模仿的，是我花了好长时间写出来的。我的课谁都可以听，谁都可以模仿，最笨的办法就是背下来，但书不可以，因为我已经有了版权。

最后，送大家一句话：定位不当，终身流浪；方向不对，努力白费。

十一、人生需要断舍离

我只会讲你该听的，不会讲你想听的。你想听的都是急功近利的，都带着投机取巧的心思。

我们需要脚踏实地，饭要一口一口地吃，路要一步一步地走，事要一件一件地做。春天播种，秋天收获，这是大自然的规律。播种和收获是在两个季节，企图春天播种春天就收获，是违背了客观规律，是要受到老天惩罚的。

定位是基础、是根本，没有定位，所有的技巧都是没用的。所以首先要思考：在未来的三到五年，甚至五到十年，你到底学什么？这事定好了，就要跟一位老师学习，跟已经成功的老师学习。

我们都不是利己主义者，但面对社会现实，我们需要冷静思考：人生短暂，稍纵即逝，没有时间走弯路，我们承受不起走弯路的成本。今天遇到一位好老师，就要跟老师学习知识和能力，这是非常重要的。请不要让那些无聊的小事干扰了自己的目标。

我们可以无所不能，但是我们一定要有所不为。赚钱要有底线，不是什么样的钱都可以赚，否则会影响你的口碑和品牌。

你要保护好自己的品牌。自己的脸，是自己护着的。

别人对待你的态度，是你给别人留下的印象换来的。在这个世界上，所有的得到都是用失去换来的，你不可能占到任何人的便宜。如果有占便宜的思想，请立即停止，因为这样你会被别人利用。

举个例子，如果鼻炎项目占诊所收入的70%，你应该把70%的精力用在鼻炎项目上，把它做大做强，删掉弱项。木桶原理在这里不适合，也不是特别科学，与其舍命去弥补短处，不如拼命去发展长处。齐老师讲门诊营销讲得很好，但还需要提升，以便讲得更好更强，讲到不可替代的地步，讲到行业第一。我也有短处，但长处发挥好了，可能就掩盖了短处。大家只知道我做诊所营销很棒，其他都不关注，我把自己的优势发挥得淋漓尽致。大家之所以会接纳我的缺点，是因为在长处的光环下，缺点都被掩盖了。

你学了这个技术，也依靠这个技术挣了钱。那么，投资这个技术就是资产。相反，花了钱却没有挣到钱，那这个钱就是负债。朋友也一样，有的是资产，有的是负债。见了朋友，心情非常愉悦，浑身充满了正能量，这样的朋友就是资产。相反，朋友让你心情烦躁、低迷和沮丧，这样的朋友就是负债。

多数顾客是资产，但也有少数顾客是负债。帮你转介绍的顾客，从来不还价的，生病就来找你的，多次来复诊的，都是资产。反之，破坏诊所品牌的顾客就是负债。

成功很难，因为经常跟错人、做错事，但如果解决了这个问题，成功其实也不难。只要跟对了人，做对了事，就能拥有一个美好的明天。

孔子曰：天将以夫子为木铎。孔子苦于天下无道，人们没有觉醒，自己决定做个摇木铎的人，唤醒世人的认知。

我希望这本书能够促进大家自我成长，让成功在一个明媚的春光里自然实现，而不是用套路去成交顾客。

愿我们：跟随值得跟的人，爱值得爱的人！

十二、有关定位的案例

两江新区潭洪江诊所的创立者是谭洪江大夫，他是四川广安邻水人，曾于成都中医药大学学习，诊所开在重庆市两江新区礼嘉街道，谭洪江拥有全科医生证，目前为主治医师。

谭洪江出生于农村，父亲是"赤脚"医生，因为受父亲的熏陶和影响，他爱上了医生这个职业，于是在1989年就读了邻水卫生学校，从此与医生这个高尚的职业结缘。但当时他学的是中医，由于受西医大环境的影响，他毕业后一直无法从事医生这个职业。1999年，他又去学西医，之后去了浙江省温州市一家私立医院工作，这才在经济上稍微安定了下来。

1. 漂泊

有了积蓄，看到几个朋友在重庆开了诊所，还聘请了一位医生，觉得诊所运营有很大的门道，于是谭洪江诊所应运而生。

但他无法从工作中找到快乐，总觉得缺点什么。而且在疫情期间他发现诊所运营存在着诸多问题，几乎快要倒闭。于是走上学习之路，师承于北京汉章针刀李森教授，从此改变了自己的命运。

我们都说，如果思想没有根基，行动难免就如浮萍一样漂来漂去。今天学这个，明天学那个；今年干一种工作，明年又换一种。拜了很多老师，学了很多技术，入了很多门道，但一直不能稳定下来，如同猴子掰玉米，最后空手而归。

终于有一天，他忽然明白过来，自己缺乏成熟的思想观念，人生目标并不明确，没有形成系统的价值体系，这就是迷茫漂泊的根本原因。

2. 觉醒

他经常问自己：我的职业目标是什么？

有一天，他终于找到了答案，那就是做个大医生，让大家尽量不生病，或者少生病，而不是去做一个赚钱的医生。

当他听了齐老师的课后，他更加坚信了这一点。齐老师早年立志当讲师，服务于基层医生，当他拿到第一笔讲课费时，毅然决然地把它捐给了身患重病的孩子。齐老师的故事，让他明白了人生的价值：不是索取多少，而是奉献多少。

甚至，他想到了未来，即自己退休以后，也要为国家、为家乡人民做点贡献。

还有，就是期望他的儿子从海外学成归来之后也当一名合格的医生。

因此，在这一刻，他觉醒了。

3. 定位

古训讲：千里之行，始于足下。成为一个大医生，需要从专业定位开始。

于是，他决定专注研究一个领域：疼痛。因此，成立了疼痛研究院。

没有遇到齐老师时，他是全科医生，遇到之后，他是一名行家与专家。

为什么定位于疼痛？这是他在2022年听了齐老师的课以后当时做出的决定。这个决定明确了他自己的专业目标和方向。因为如果没有正确的定位，可能永远都到达不了理想的高度。

齐老师说过，清晰的定位就意味着巨大的成功，在老师的帮扶下，他的患者越来越多，定位也越来越清晰，那就是主做慢病与疼痛，患有腰椎颈椎病的、中风偏瘫的、帕金森综合征的，等等，其实都与疼痛有关。"愁眉苦脸地进来，眉开眼笑地出去。"这是人们对谭大夫治病的评价。

曾有一个腰椎间盘突出的患者，拄着拐杖进来，站着疼、坐着疼、躺着也疼，而且受病痛折磨很多年了，谭大夫用北京汉章针刀给他做了治疗，几天后患者就可以走动了。看到这一幕，谭大夫感到无比快乐，这就是他选择做医生的价值与意义！

第二章 构建传播链

□ 形象要走在事业的前面。
□ 成功的人都是讲故事的高手。
□ 起一个好名字，事业就赢了一半。
□ 不想被今天的时代淘汰，必须淘汰过去的自己。
□ 人际关系的本质是价值交换。

当我们抛下定位锚，擎天大厦就拥有了坚实的地基。之后，传播将粉墨登场，扮演品牌塑造和裂变的角色。我们的事业因此而日新月异，蒸蒸日上。

做好定位很重要，但这并不意味着万事大吉。定位只是开始，是长征的第一步，之后的路遥远而漫长。

定位明确了，但没人知晓、没有知名度，顾客也不会不请自来。这就需要广而告之，建立完整的传播链条。本章里，我为大家介绍诊所的宣传模式，这是传播链条的核心。

第二章　构建传播链

一、取名与广告

当然，最重要的是根据定位设计门店名称和广告语，这是传播体系的重要内容。

门店的名称应具备以下特点

1. 好听、好记、好传播，且寓意丰富，易于引发患者良好的联想

比如，"宝马"这个名字，就具有好听好记好传播的特点，它是音译过来的，让人想到了"飞奔""英俊""高贵"之类的词语。"奔驰"也不错，也是音译过来的，让人联想到"飞奔""速度""激情"之类的词语。符合这几个特点，能突出门店的形象，给顾客留下好的印象。

2. 简短独特，与众不同

名字简短容易让人记住。当患者转介绍的时候，怎么也想不起你门店的名字来，这就是一大败笔。

与众不同也是为了让人记住。取一个与众不同的名字是有方法的，大家可以利用头脑风暴法，汇集众人智慧，集体智慧是无穷的。

3. 不要夸大，要和服务内容一致

比如，门店开在小山村，却挂了一个"国际慢病管理中心"的牌匾，就有点滑稽。

此外，门店布置也很重要。就算客户群体是普通人群，接待区也一定要温馨，基本色要宁静，让顾客心情舒缓放松。有时除了温馨舒缓外，还要宽敞华贵、高雅大气。

接待区具有等待的功能。即使医生很忙，也不能对等待的患者不理不睬，患者等待时间长，就有被冷落的感觉。因此，为了让时间过得"快一些"，接待区应放置杂志、报纸、电视屏幕等，方便患者翻阅和欣赏。也可以制作一些与疾病治疗相关的资料，让患者对医疗知识有所了解。

门店不可缺少的是绿植、鲜花、咖啡、果汁等，这些人性化的服务措施，能提升患者对门店的亲切感。

当然，如何布置与群体定位有关。如果是儿童病诊所，一定要设置一个儿童乐园，放一些图画书，大屏幕播放动画片，等等。准备一些游戏，让儿童感觉很好玩，不惧怕检查和打针，从而消除儿童的恐惧。

治疗室比较特殊，必须干净清洁、恒温无菌、无尘无味。诊区之间尽量隔离，以便医生和患者交流时不被打扰，尊重患者的隐私权。天花板上可以设置一些妙趣横生的漫画，或者自然清新的风景画，患者躺在病床上可以仰面欣赏，以分散其注意力，减轻治疗中的痛苦。

患者重要，医生也重要。医生工作很劳累，身体需要休息，心灵也需要得到安慰，如果条件允许，一定要有医生的休息室，可摆放舒服的沙发、躺椅、饮料、茶点。及时为身体补充一些营养，医生的工作效率会更高。

二、八条措施提升品牌形象

无论是开门店，还是其他形式的经营活动，都需要提升个人品牌。提升个人品牌的主要措施有以下八条。

1. 一张形象照

最好是近景照。照片能拍到上衣的第二个扣子，这是近景照的标准。照片拍得好不好，影响客户对你的第一印象。照片的用途很多，用来制作海报是常见的方式。通常，需要做一个门形展架，上面写上自己的名字、经历、职位、高光时刻和高光经历。再把海报用门形展架放到诊室里边。顾客去了之后，首先会看到它，自然省去了你的介绍。现在的顾客，更希望主动了解你的资料，而不是被动地听你滔滔不绝地介绍。

2. 个人介绍

最好不说职业医师，除了主治医师外，还要写"院长""名义院长""首席健康管理师""耳鼻喉首席培训导师""慢病管理医务总监"等。个人职务越多越好，顾客不一定都看完，但一定知道你是造诣深厚、影响广泛的专家。

以下是齐老师的介绍，大家可以参考。

中南大学湘雅医学院高级班营销授课导师，中国中医药研究促进会新中医分会常务委员，中国中医药研究促进会敏化疗法分会副秘书长，中华中医药学会中医共同体理事。著作有《我为基层诊所代言》。

这就是背景介绍，顾客看到后，对你的信任感会油然而生。

3. 学习经历

如果就读院校的名气不大，就直接写进修的院校。你想突出什么就写什么。比如，毕业于某大学医学院，在北京中医药大学进修，师从某个国医大师等；在某医院担任主治医师，或者跟某专家、教授学习，如果师父有名，可以借他的光环，折射的光也明亮。

4. 专业认证

专业认证就是获得协会会长、副会长、理事、顾问、委员等头衔。有些协会在某些方面具有一定权威性，可以帮你提升个人品牌。

5. 著作和论文

如果你确实在某些方面有经验，完全可以写一本书。著作是最有力的证明，不仅证明你有技术、有能力，还能证明你有理论高度。

6. 人生信念

人生信念就是坚守的原则，是不可突破的职业底线，是再多钱财也买不走的价值观。做宣传时，这是重点突出的对象，尽管它不直接产生经济效益，但从长远看，一定会影响个人品牌和诊所的经营业绩。两者看似有矛盾，但更多的是高度融合。

我们经常谈论人生的意义，其实生命本是宇宙偶然的一个产物，我们必须为自己找到人生的意义，这个意义就是为别人活着，为他们做点事情。因此，我们为他人奉献和付出，同时他人也为我们奉献和付出。人际关系的本质是价值之间的交换，没有什么东西是理所应当归你单方面享受的。无私就是自私，这句话说得完全符合人性，符合社会发展规律。

曾经，天津有位正骨大夫，看病有条规矩：先付六块大洋，少一块也不行。一天来了个摔伤了腿的穷患者，苦苦央求他先看病后付款，该大夫不为所动，旁若无人地和别人打牌，直到拿到了大洋。患者走后，他把六块大洋给了一位牌友，牌友不解。他笑笑说："我知道这是你偷偷给患者垫付的，现在还给你。"原来，牌友不忍心看患者受罪，借去厕所的机会，偷偷给了患者六块大洋，这一切，大夫都心知肚明。他解释说：我挣钱有原则，穷人的钱不挣！人们不解：你的规矩这么严，诊费这么高，还说不挣穷人的钱？他回答：先付诊费是为了树立字号，慈爱是医者天职，不能亵渎。

这里的字号就是我们今天说的品牌。你看，仁爱之心就是这位大夫坚守的人生信念。

齐老师的人生信念是这样的：助力基层门店升级转型，传承中医文化惠泽众生。

如果你没有著作，也不是名校毕业，也要写出自己的高光时刻和高光经历。什么叫作高光经历，通俗地说，就是可以和别人炫耀的事情，你有但别人没有的、最辉煌的时刻和最辉煌的经历。这些可以用故事的形式表达出来，这就是人们常说的品牌故事。

7. 品牌故事

成功人士都会讲故事。

我们都知道邦迪牌创可贴的故事。有一个小男孩，叔叔工作时被摔成重伤，医生说：叔叔病情严重，只有上帝能救他。小男孩便去购买上帝。很多商店老板都认为这是恶作剧，把他轰了出来。只有一位年长的老者说：我这里正好有"上帝"，是一种饮料的名字。老者问：你有多少钱呢？小男孩说：只有一块钱。老者说："上帝"的价格正好是一块钱。于是，小男孩高兴地拿走了"上帝"。几天后，医院来了一队专家，为小男孩叔叔做了手术。让人惊喜的是，虽然治疗费用昂贵，但已经有人帮小男孩支付了。长大后，男孩发誓一定让穷人看得起病，于是发明了包扎伤口的药品——创可贴，他以自己的名字给产品命名为"邦迪"，邦迪就是小男孩的名字。

这个故事怎么样？每个人都可以为门店写一个品牌故事，它是很好的裂变载体，几乎没有成本，传播范围非常广，效果也出奇得好，人们都愿意分享给他人。

8. 着装

着装也是一种宣传方式，是个人形象的组成部分。有人说，形象要走在事业的前面。你想成为什么样的人，就要把自己打扮成什么样的人。想成为知名老中医，可以穿传统中式服装，如唐装，用以彰显个人身份与气质，展示深厚的中医文化功底。如果头发稀疏，可以全部剃光，如果你年轻，也可以故意留点胡子，这就是你的风格。你和别人不一样，你是有气场的，谈吐不凡，举止高雅。

一个好医生一定要有高贵的气质。在医院，我们一眼就能看出哪个是主任，哪个是权威专家。因为他们的着装和普通医生的不一样。除此之外，他们目光坚定，处处流露出自信。他们的经历比别人丰富，能熟练处理各种问题。这种功夫是需要长时间修炼的，在练成之前，先把自己装扮成那个样子。

艺术源于生活，又高于生活。人们都喜欢美的东西，对美没有抗拒能力。顾客也一样，喜欢看美的东西，美的着装、美的照片、美的环境。

　　这一点提示我们：即使自己先天条件不好，也可以通过照片、着装和改善环境，塑造出大气沉稳、光彩照人的气质形象，令顾客看到后心生崇拜。

三、传播载体

传播需要工具和载体。可以设计一些礼品，赠送给顾客，比如面巾纸，纸上展示门店的特色，写有门店的介绍。

送什么样的礼品，是有依据的。一般来说，最好是生活必需品，是普通家庭离不开的，这样就不会遭到拒绝。

水杯也比较适合当礼品。顾客来了，要端茶倒水，水杯消耗量很大。水杯上印上门店标志和联系方式，包括电话、地址、二维码等。同样的办法可以用在手提袋上，顾客临走的时候，就送他一个。这就是最有用的宣传。

资料要正规一点，做一个宣传手册。里面介绍你的故事，一个个平凡的故事，积累起来就是历史，而门店文化的源泉，就是门店的历史。

历史文化是无形的，远比有形的东西更重要，甚至可以说价值连城。

一本精美的手册，就是一部文化史。它不仅传播门店的地址、电话，还承载着门店的价值追求和精神面貌。

宣传手册的目的，就是让顾客了解门店的独特之处，激发潜在客户的兴趣，使之产生强烈的购买欲望。用文字表达时，为了吸引顾客，语言要简短精辟，易记易懂。如果空间允许，最好能列出顾客见证及成功案例。

四、微信朋友圈

人类社会的发展是加速的，从石器时代到农业文明，人类用了3000年，从农业到工业文明用了200年，从工业时代到信息时代，人们只用了几十年。几十年前，我们不敢奢望有私家车，不敢奢望有可以视频通话的手机，甚至好多事情连想都想不到，如手机支付、高速列车……这些成就当时从没有人能想到。

进入信息时代，我们对迎面而来的事情越来越陌生，越来越难以掌握。因为过去的有些经验在今天不能用了，你的经验不能帮你成就事业，甚至还会起反作用。真是"不是我们不明白，而是世界变得太快"。

全球网民有34亿，8小时高铁圈覆盖了大半个中国，5G网络秒下高清电影，真空管道高速列车时速超过了1200公里。这就是高科技带给我们的震撼。

几十年前，谁也离不开超市，现在无人超市遍地开花，全都是刷脸支付，只要手机有支付功能，就可以到店里消费。

第二章 构建传播链

今天人们把 30% 的时间都用到了刷手机上。在这个时代，不管做什么项目，都要和手机产生链接。如今，微信朋友圈变得越来越重要，也涉及影响力的问题。

如果不想被今天的时代淘汰，就必须淘汰过去的自己。

现在是个人品牌时代，朋友圈是个人影响力的载体。我们当医生的，想把微信朋友圈做好，一定要明白它的定位和布局。有关医生个人品牌的塑造与传播，除了自己学会写文案，还要学会编写宣传手册，把微信朋友圈经营好。这些都是基本功。

要想做好微信朋友圈，需要把以下两个问题研究明白，至于更高层面的研究，就交给专业人士吧。

1. 微信昵称

昵称是干什么用的？告诉顾客你是谁，你是做什么的。

2. 微信头像

微信头像极其重要。朋友点赞的时候，一般会看头像。每次点赞，都是一次曝光的机会。一个正常人，他的微信通讯录里一般有三四百人，影响力还是可以的。如果发了一条消息，回复点赞的人不多，说明没有引起大家的兴趣和共鸣。

假如你的顾客发了一条信息，这也是你曝光的机会。你一定要点赞回复，顾客看到后，对你的好感就会增加一层。

有些人，有很多微信好友，这些朋友就是很好的资源，但这些人经常修改昵称，经常换头像，总以陌生的面孔出现在你面前，你对他们的印象不可能太深，甚至他们在你朋友圈里留言，你都不知道是谁。经常换头像和昵称，最大的坏处是破坏了自己的影响力。顾客需要你，经常用目光寻找你，你却用孙悟空七十二变的功夫和顾客躲猫猫，让他们没有办法聚焦。

..○ 市场裂变 ○..

电话号码也一样，你的电话号码三五年没换过，别人就会认为你是可靠的人，光明磊落，行为坦荡。如果三五个月就换一次，你一定是欠银行贷款了，欠朋友钱没还，或者是做了某些见不得人的事，没脸见朋友了。

一张照片，一个头像，一个号码，一定不要随便换，这是维护个人品牌的一个方面。

设置头像有很多讲究。比如，风景照不能用，动物照、明星照、宝宝照和空白照都不行，这都是医生禁用的。因为，这些头像不能让顾客知道你是谁，你能治疗什么病，无法形成对你的印记。顾客希望和你建立联结，而不是想和你家宝宝、宠物建立联结。你用小狗照片当头像，但顾客并不认识这条狗，你喜欢什么不重要，重要的是顾客喜欢什么。你要时刻关注顾客的需求，他们喜欢什么你就晒什么。

设置微信头像有两点要求：真人出镜和文案支持。

头像设置好以后，头像下面加上医生介绍，介绍时要有一个签名，一个个性化、补充性的签名，来展示你与众不同的地方。比如，名字叫朱永军，补充签名叫"朱永军妙手回春"或者"妙手回春朱永军"。当然，签名要精心设计，如果能体现出擅长领域就更好了。头像和昵称空间有限，有时不能完全展示你的特长，这就是要有个性化补充签名的原因。如果需要，个性化签名可以适当写得详细些。

在所有宣传文字中，金句的作用不可忽视。金句有优美的形式：押韵和谐，朗朗上口，富有节奏感。内容也富含哲理，也是塑造个性化的方式，容易让人记住。比如，"医者多一分关爱，顾客少一分痛苦"。字数相等，上下对仗，内容相对。比如，"细微显真情，平凡素人心"。这些都可以当成个性签名的组成部分。比如，"脊柱养生，愿天下没有疼痛"。大家可以参考同仁堂的企业文化。

相册背景设计也很重要。齐老师的签名是"一个有颜值、有故事的导师",上面是我正在看书的一个视频。这个地方可以有文字,这叫微信的背景。最好能放上你的门店照片,或者放上一堆锦旗,或者放进修时的照片。这是一个做广告的好地方,把最有价值的内容放到这里,包括地理位置。虽然是不花钱的广告,但效果挺好,谁都能用。

发朋友圈是有禁忌的,有人喜欢发自嗨式朋友圈。自我感觉良好,但这犯了老毛病:只顾自己高兴,不管顾客是否喜欢,导致点赞少,现金流量很少,甚至连点赞都没有。

更有甚者,把朋友圈当成泄愤的垃圾桶。里面全是牢骚、不满、抱怨、沮丧、愤怒。大家换位思考一下,谁愿意看这样充满负能量的信息呢!

不同年龄段的人作息时间不同,因此发朋友圈要根据顾客的年龄特征,不能一概而论,在他们有时间看朋友圈的时间发最好。可以在早上6点半到7点半、7点到8点、9点左右,白天时间紧张,他们没有时间看详细的内容,所以朋友圈内容要简单。比如,只有一张图,如果发照片修饰一下,更能引人注意。介绍的语言不能太多,最多三句话。晚上时间充裕,可以发比较长的链接,谁感兴趣谁就点开慢慢观看。

如果发链接,可以配一张图,也可以配三张图,最多配六张,配图太多没人看。链接的文字也不要太多,别超过7行。现在是阅读的快餐时代,文字太长就直接划走。如果内容有价值,一眼就能看出来。一个普通人用过的杯子,他去世后只能进入废品站,一个伟人用过的杯子,他去世后就会进入展览馆。努力让自己成为有价值的人,发一些有价值的内容才是最重要的。

任何时候,都不能发负能量的内容。

一般来讲，文案水平与文字功底有关，也与对营销的认知有关。这项工作难度大，事关传播效果。我们常说术业有专攻，招聘一个助理，或者组建一个团队，让他们设计内容，撰写文案，他们更专业，做得也更好。

五、视频号

视频号也是微信里的一个平台，显示窗口位于朋友圈下方，当前影响力仅次于朋友圈，将来的影响力一定会很大。从腾讯对视频号的重视程度看，甚至有可能成为与抖音并驾齐驱的大平台。

视频号可以记录和创作短视频，让更多人分享自己的生活和个人的价值观。

也可以这样理解：视频号是一个新的朋友圈，作者可以发送一分钟的视频、九张图片、文本、链接以及其他信息，展示方式更加直观、大气和富有感染力。每个人都可以创建和共享自己的视频号码，我们可以利用这个平台，宣传自己的服务项目，塑造自己的门店品牌。

视频号目前不能进入视频详情页面，只在信息流内播放，且不能暂停、快进、快退，但可以转发到朋友圈、聊天场景，与好友分享在这里看到的内容。

和朋友圈一样，视频号也需要有你的介绍，介绍要简单、直接、有个性，主要包括以下内容：我是谁？我能为你做什么？你跟我在一起有什么好处？但不要留电话，如果你没有认证，却留了电话，平台是不会给流量的，这是平台考虑自身利益后做出的决定。

认证视频号有两个方法。一个是兴趣认证，只要粉丝够一万人就能认证黄 V，如果不够就要努力做到。另一个是职业认证，如有相关证书、职称证书、职业证明等，表明号主有一定权威性，作品不容易被封号。医学这个领域要求严格，你发一个扎针视频，平台可能会封了你的号，因为你不是医生，存在一定风险。如果想认证黄 V，可以去咨询平台客服，因为认证条件也在不断调整。

想让短视频传播得更广、更快，需要掌握以下几个原则。

1. 风格保持一致的原则

无论是封面还是内容，其风格应基本保持一致，封面可以选一张清晰度高、能体现职业或服务特点的照片，长期作为短视频的封面，不能随意更换。内容也锁定在一个领域，号主的着装、人物背景等，都要形成一定的风格，在此基础上可以适当创新，这样不影响粉丝的观感。

2. 自然流与投流相结合的原则

短视频发展到今天，单纯依靠自然流已经没有成功的可能，需要一定的广告投入，两者结合才能把号做起来。当然，如果内容不能满足粉丝的要求，即使投入更多广告，也无济于事。

3. 内容持续发布的原则

做任何事情都不能一曝十寒，浅尝辄止，需要长期坚持。视频号也一样，个人的品牌塑造也需要时间积累，如果发现做了一段时间，成效不让人满意，就不愿再坚持下去了，这肯定不会成功。日积月累，不断总结经验，调整策略，没有谁是不能成功的。

六、有关传播的案例

1. 徐氏儿科

徐氏儿科的创立者是徐建辉，1982 年出生，父亲是长春人，母亲是石家庄人，诊所在包头，主治儿科。

徐建辉因为从小身体虚弱，不能干体力活儿，所以决心学医。1998 年入卫校学习，中西医结合专业，后又在医学院进修，当过实习工，开过药店，开过诊所。终于有一天开悟，着手发展连锁诊所，目前已经有六家企业，经营效益都非常好，在当地初步具有了规模优势。

（1）抓住连锁经营的根本

诊所经营有个特点，服务范围受到距离的限制。因此，扩张之道只能是连锁，特别是民营诊所。

与其他行业相比，经营连锁诊所难度更大，很少有成功的案例。但经过多年摸索，徐氏儿科找到了一条可持续发展之路。

经过探索，徐建辉发现，诊所定位非常重要。之前自己做大内科，什么病都治，没有清晰的定位。给患者的印象是：没有什么特色。经过研究，在齐老师帮助下，诊所在战略上做出重要选择，将诊所定位为儿科，这在当时具有一定创意，很少有人这么做。人们怀疑，定位于儿科，是不是会丢掉其他类型的患者？

其实，这种担心是多余的。虽然儿科医患纠纷多，孩子生病后家长比较着急，但正因为这一点，造成儿科的空白，自己才能率先占领这个市场，影响力才会大幅提升——诊所是专门治疗儿科疾病的，自然比其他诊所更加专业。

2016年，第一家连锁诊所开业了。连锁诊所实行标准化管理，形成一套连锁经营的理论。开业不久，便出现了门庭若市的境况。

（2）找到连锁经营的关键

连锁经营的原理很简单，就是无数个统一，文化统一、装饰统一、偏好统一、收费统一，等等。这些硬性的东西并不难，难的是软性的东西，对诊所来说就是服务。诊所经营者大多数是医生出身，普遍认为技术好，诊所就会好。其实不然。在诸多因素中，技术并不是最主要的因素，医患沟通才是关键。

齐老师讲的课，对医生影响最大的，也是有关医患沟通的部分。之前没人重视，大多数也不会沟通，不懂得如何用情感与家长沟通，导致了很多误解，影响了诊所的发展。

明白了这一点，徐建辉在发展连锁时，首先解决了医患沟通的难题。他们改变了沟通策略，更关注家长的想法，知道他们想要什么，担心什么，不是一味地自说自话，而是用标准化的语言传达自己的想法，一下子抓住了患者的心。

比如发热，家长问得最多的是：会不会烧坏？之前都是直接说："烧不坏，没事。"家长也知道烧不坏。其实，家长想知道的是，为什么烧不坏？于是，他们改变了话术和策略，把沟通内容改成了发热的原理，家长就更加满意了。

（3）强化连锁经营的传播

信息技术的发展，拓宽了连锁经营的传播渠道。微信、抖音、视频号、小红书、哔哩哔哩等都成为商家的传播平台和渠道。徐氏儿科每个新的加盟店，都掌握了这些渠道并能熟练地运用。

刚到包头开诊所时，徐建辉还不好意思加患者的微信。他在实践过程中发现，患者也是同样的心态，担心医生不愿意加自己的微信。发现了这个秘密，徐建辉便想方设法将其运用到了他的连锁诊所中。

一天，一对夫妻带着孩子来看病，那时诊所刚开业，病人少。看完病徐氏加了家长的微信，以后家长有事直接在微信里聊。解答疑惑虽然是免费的，却深化了与患者的关系。以后孩子生病，就会直接到诊所来，再不会去其他诊所了。现在，诊所医生有个人微信，也有企业微信，都成了传播诊所品牌、解决患者疑问、密切医患关系的重要平台。

现在，连锁模式已经成熟，发展到了六家，都是实行股份制，合作的医生就是股东。医生看病，总部提供管理支持。相信未来几年，徐氏儿科将有一个巨大发展。

2. 江津周乾良中医综合诊所

江津周乾良中医综合诊所的创立者是丁贤欣，男，擅长中医治疗疼痛，特别是颈椎、腰椎疼痛，诊所位于重庆江津区双福街道。

（1）全科之痛

丁大夫之前是做全科的，不为别的，只是自己觉得，什么病都治，什么病人都接，这样覆盖面会更广，服务的群体会更大，经济效益一定会更好。但事实是，全科就是万金油，看似什么都能治，实际什么都干不好。

改变始于新冠疫情期间。那段时间，诊所关门，自己被封在家里。

借这个机会,他开始学习诊所经营。课是齐老师讲的,别人推荐的。谁知不听不知道,一听就迷上了,一直听了好多遍,听了好长时间。自己边听边思考,感觉收获太大了。

直到解封后,丁大夫仍觉得意犹未尽,还在思考诊所的发展。因为刚刚解封,不少人感染病毒,医院和诊所都人满为患,其他诊所都忙着输液打针,挣着眼前比较容易挣的钱,却把未来放在了一边。

丁大夫思考的结果就是:诊所定位不能再是全科了,必须向专科转变。这一决定就来源于几个月的学习和思考。

(2) 成功转型

他反复思考了定位于专科的好处:全科不能给人深刻的印象,它给人的印象就是医生不专业、诊所不专一;而专科更容易让患者记住,目标群体也更加精准,也更能得到患者的信任。

为什么定位于中医中药治疗疼痛?这是因为,现在很多人整天看手机、看电脑,不注意姿势和适当休息,导致了此类疾病的发生。西医除手术外没有其他好办法。而中医治疗起来效果好,副作用小,又是自己熟悉的领域,有着天然的优势。

转型,成就了诊所的发展。

(3) 致力传播

诊所定位于专科,并非解决了全部问题,下一步需要让大家知晓,把品牌传播出去。

丁大夫的做法是:传统的和现代的手段并用,还要有所创新。

信息技术的进步,让信息传播速度更快,微信就是其中一个平台。与其他新媒体相比,微信的社交功能更强,人们使用率更高。因此,借助微信公众号,就能把诊所信息源源不断地传给大众。

因为技术高超,丁大夫被选入《中国基层医生》一书。这书也成了一个宣传点。丁大夫把书放在诊所里明显的位置，有时还赠送给患者，这大大提升了他的影响力。

有些患者年龄大，不会用微信，那就只能用传统方法。比如，纸质名片，悬挂易拉宝。有时也教会老人使用手机，便于随时了解诊所信息。

使用实习生传播诊所品牌，是丁大夫的一个创新。诊所缺人，学生需要实习。针对这种情况，丁大夫想出一个办法，招聘实习生在诊所当助手。这既解决了学生实习的问题，也解决了诊所缺人的难题。这些学生本身就是活广告，走到哪里就传播到哪里。诊所疼痛专科的品牌，随着实习生走向社会，也传播到社会上，形成了多方共赢的新局面。

第三章 引流

☐ 不求所有,只求所用。
☐ 世上无难事,只要会借力。
☐ 一切能搬动的,都不是自己的。
☐ 治疗恐惧症,就做恐惧事。
☐ 做事如做人,修行先修心。

做好营销，形成裂变，提高门诊量，需要一个核心能力——引流能力。所有的门店都需要引流，特别是要选优秀的平台。只会做门店的线下引流，就只能吸引周边 5 公里的顾客；如果会用短视频引流，就能吸引附近 50 公里的顾客；如果会用直播引流，就能吸引 1000 公里以外的顾客。

一、"借"的智慧

借别人的力，做自己的事。门店营销，就要善于借助于外部力量，借外部专家的品牌，借优秀的营销模式，借大医院的品牌，从而提升门店的知名度、美誉度和忠诚度。这是创业时期小门店常用的方法。自己没有实力，就要找有实力的人合作，这就是"借"的智慧。

人不可能什么都有，更多的时候是什么也没有。没技术、没品牌、没客户，但这并不意味着什么都不能做。相反，在当今商业社会中，"不求所有，只求所用"已经成为一种经营共识。即使不是自己的，也可以当作自己的来使用。

三国时期，孙、刘联军实力不如曹操，但借助东风用火攻，便击败了强大的北方敌人。共享单车不是自己的，开锁后能骑上就走，比自家的还方便。

门诊量不大，收入不理想，是因为缺少一种能力，一种借助别人力量的能力。通俗地说，是与人合作的能力。过去单打独斗惯了，不会和别人合作了，久而久之，思维就僵化了，头脑就固化了。设想一下，你的门店来了一位知名专家，一大群患者慕名而来，门诊量就上来了，因为专家有品牌，借助专家的品牌，你的品牌也就树立起来了。

两年前，郑州一个老板，租了一套三室一厅的房子，请了一个退休的老中医坐诊，老中医70多岁了。请老中医时，把他老伴也请来了，老中医是洛阳的，在当地特别有影响力。老中医在这里坐诊，好多之前的患者也跟着来了，这就是自带的流量。老中医在一楼号脉，坐诊，做一些处理治疗；二楼做成了养生会所，做脏腑理疗和养生粥等保健项目，有艾灸也有针灸。诊所实行会员制，办一张卡1000块钱，尽管价格不便宜，每天来的人却特别多。

该诊所看病的流程是：老中医号完脉，会建议患者吃什么药，吃完药后再过来做理疗。做理疗时，理疗师又推荐养生粥和养生茶。形成了一个完整的闭环。门诊量非常高，最多时达到7万人。如果你发现自己身边也有这样的专家，请你千万要珍惜，他或许就是你生命中的贵人。

我们看待任何问题，不能只看问题本身，还要考虑周边。引进一个专家，绝不是只有一个专家，还有专家带来的宝贵流量。

我们要做好以下四项工作。

1. 找好合作伙伴

古代有句话"外来的和尚会念经"，如果这位专家是外地人，本身具有影响力，那就最好了。还有一个前提，专家人品一定要好，能增加正能量。

2. 谈好合作模式

人与人关系的本质是价值交换，是互惠互利的，不仅考虑给他分多少，还要考虑他给你留多少。双方的价值与贡献要对等，凡事事先说好，不然将来会因为利益分配而痛苦。

学会和别人合作，这是一种最大的能力，也是"借"的智慧。有的人觉得自己能干，不会和别人合作，这样的人说话不受待见。沟通的技巧，就是让对方感觉舒服，让别人喜欢按照你的意思做事，别人高兴了，才愿意和你合作，帮助你做事。因此，本着无我和利他的价值观，是成就你的根本原因。不能老担心别人会火、会红、会超过你，自己的格局足够大，胸襟足够宽广，最终收获最多的肯定是自己，而不是他人。资源是大家的，并不是某个人的，不能把什么东西都当成自己的。

3. 做好前期准备

专家来了，患者不一定来，这需要提前做好准备，宣传工作是不可或缺的铺垫。而利用宣传来引流，至少需要一个月的时间，且需要有一个全面规划，事先宣传，事中掌控，事后追踪，一样都不能少。不然，轻则效果不佳，重则全盘落空。

比如，六七月，正是三伏贴的旺季，要想请个老中医做代言，就得从四月开始准备。文案要反复推敲，案例准备充足，准备好全系列产品，还有举办活动的物料……这些准备工作看似简单，实则非常复杂，有时因为一项事情没做好，会影响到整体进度。这样一算，一个月的时间都不算多。

4. 做好总结和复盘

活动结束，并非是任务结束。相反，还要不断总结，有哪些经验值得推广，还有哪些不足，都要清楚明白。复盘的效果更好，是最近几年流行起来的一种方式，适合所有活动。

二、免费中有收费

作为引流的检查是免费的。比如，来了 100 个顾客做检查，检查完了之后都没有病，非常好，我们就算做了功德了。"恭喜你，身体一点毛病没有。"本来，诊所为患者做检查，并不是盼着患者生病。检查出小毛病，也可以免费诊治，或者给出一些建议，不让患者支付任何费用。对于弱势群体，如孤寡老人等，需要给药的给药，需要处理的处理，基本不收费或只收成本费。自古医者仁心。这是一个医生应该做的，也是品牌塑造的一种形式。

只有严重情况下，才可以收费，如严重失眠、腺样体肥大。当然，这永远是少数人群。引来了 100 个人，大概有 60 个人是免费的，只有 40 个人是收费的，这样才有口碑，才能替你宣传。

不要以为不收费是吃亏，这是一个重要的引流环节。我给大家讲一个真实的故事。

有家私营企业，经济效益还不错，后来请来一个海归博士，他告诉老板说：我看了公司的营业报表，其中有一两款产品根本不赚钱，我建议把所有不赚钱的项目全部砍掉，把资金大力向赚钱的产品倾斜，不出几年，公司将有一个大的发展。老板非常高兴，听信了海归博士的建议，把所有不盈利或微利的产品全部撤掉。最后的结果是，企业效益直线下降，原来赚钱的产品也都不赚钱了。

这是因为，一两款不赚钱的产品是引流产品，能把客户吸引过来，引导客户购买利润较高的产品，砍掉了不赚钱的产品，赚钱的产品也就无人问津了。

引流的过程，表现为以下四个阶段：第一个阶段，多劳不得，工作很辛苦，基本没收入；第二个阶段，多劳少得，工作很辛苦，略微有收入；第三个阶段，工作很辛苦，开始有收入了，基本能养活自己了；第四个阶段，不劳也得，不劳而得不是不工作，而是享受前期付出的回报。

在医疗行业，医生技术好，自己坚持干，当然也可以，但最终要带出很多徒弟，这是最大的目标。很多人倒在了第一个阶段——约了几次患者，却来了很多患者，因为没有收入就没有信心了。这是不对的。有了好老师、好产品、好的合作模式以后，最重要的是会用老师。借助老师的品牌开展营销活动。用同样的老师，结果是不一样的。有个知名专家，在一个诊所待了三天。诊所挣了1万元，不久后去了另一家诊所，几天时间挣了5万元。挣钱多少与门诊量没有一一对应的关系。门诊量大不一定能赚钱，需要合理安排和科学规划，服务好客户。

有了专家之后，需要让人们知道。在免费当中去寻找一些收费的。比如，100个人中有60个人确实是免费的，有20个人可能是象征性地收点费用，还有20个人是高客单价的。不是一定要高收费，而是病情严重，治疗起来比较麻烦。只要有些人是五星级顾客，我们的项目就成功了。

五星级顾客有如下特征：他们对自身健康非常重视，非常配合医生治疗；经济状况非常好，而且特别认可医生。

一般来说，五星级顾客对价格不敏感，不会讨价还价，更不会因为价格高而离开。

三、顾客是你的，也是别人的

有时，门诊量突然下降，很可能的原因可以用四个字来概括：提价太快。

提价原因大家能理解：刚学了一个新技术，缴了 3 万元学费，需要赶紧挣回来。但顾客不管这些，你涨价顾客就用脚投票。

其实涨价是可以的，但有一定技巧：一般不要超过原价格的 25%。比如，原来收 1000 元钱，你要涨价 25%，这是没问题的。但涨到 3000 元，顾客就会被吓跑。引流的时候一定要把顾客的认知和层次把握好。比如，顾客第一次来，就不能拿一个月的药，这是因为：他对你还没有信任感，不一定能坚持吃下来；钱太多，有点心疼。可以告诉患者，"我只开了一周的药，你服药一周后再看效果。我再帮你调整一下"。对于不熟悉的患者，一定要分次开药，而对于熟悉的患者，就要一次性开好，这就是信任的原因。

引流是有技巧的，其操作性较强。比如，找好了一位耳鼻喉专家，在门前挂上条幅，吸引患者做免费检查。这样人气就上来了，这位专家

..○市场裂变○..

接诊一定要有演示性。假如同时来了2位病人，一个是神经衰弱的，一个是腿疼的。这时一定先治腿疼的，确保当场能看到效果。神经衰弱的是慢性病，不容易看到效果，就放在后面。再比如，鼻子不透气，喷点东西就透气了。立竿见影的效果最能吸引人，能让所有患者都看到效果，找到信心。

"大娘，你怎么了？腿疼？来，我给你扎两针。"说完，就是两针。大娘往下蹲一下，原来蹲不下去，现在蹲下去了。大娘会说："哎呀，都快一个月了，去疼痛医院看过，去隔壁那门店也看过，都没效果。李大夫挺厉害的，扎了两针就蹲下来了。"大娘的话就是成本最低、效果最好的广告。

作为医生，在病人面前要注意形象：挺胸抬头，目光坚定，像个专家的样子。你想成为成功人士，就把自己打扮成成功人士；你想成为专家，先把自己打扮成一个专家。谦虚是美德，但不能用在营销上。说话做事要语气坚定，不容置疑。"我得批评你几句，我看你事业心很强，但你忽略了健康问题，你以后不能老加班，不能老熬夜，不能不吃早餐，你把身体搞坏了，挣那么多钱有用吗？"这种批评叫作"赞美式批评"。

在某种情况下，顾客是你的，在另一种情况下，顾客也许不是你的。所以留住顾客是你的第一要务。

从经营上来讲，其实没有一个顾客是你的，制药厂的顾客是大夫，但没有一个大夫是你的，他们是制药厂的大夫。他们不仅是这个药厂的，也是那个药厂的。因此，心胸要放开，格局要放大，不能吸引到专家，只能说自己的魅力还不够，还要继续修炼。

有人担心自己的东西被别人拿走。其实完全没必要，只要能被拿动，这东西就不是你的。从合作的角度看，医生可以成为别人的带教基地，因为药企会给你赋能，老师也会给你赋能。如果能成为带教基地，在与别人合作时，一定不要有占便宜的心态。我不订货，也不交费，我就听公开课，反正是免费的。表面上是占了别人的便宜，实际上是遭受了大的损失。听了两天的课，时间都给了人家，是人家占用你的时间。平台创始人都非常聪明，他不会把大量时间花在你这里，也不会把资源分配给你，因为这类人没有合作价值。成为一个带教基地，要先学会成就别人。成就的人多了，自己就会有成就。这是一条铁律。

选择平台很重要。平台不行，再努力也不一定有成果。你想借一艘船过河，结果借了一艘小破船，行驶到河中间，船漏水了，结果是跳下水推着小船过河。社会上有两种平台：一种是加持你的，另一种是消耗你的。找对了就借到了可以借的物力；如果找到消耗你的了，就是靠山山倒的结果。

..。市场裂变 。..

四、体验卡与小药箱

现在讲一下体验卡和家庭小药箱，作为引流产品，这两样东西还是挺合适的。

我们经常做义诊活动。义诊活动是为了引流，所以不能开大方，高收费是后期治疗的事。具体收费多少取决于门店面积、医生的气场，以及与顾客的关系。也与顾客的经济条件、消费能力，以及具体是什么病、痛苦到什么程度有关，不能简单地去类比。

义诊就是义务诊断，是演示给大家看的，其目的是增加知名度，增加曝光率。比如，患者颈椎不舒服，当下就给这人扎两针，让他有舒服的感觉。你告诉他，今天是免费的，正常价是198元。还可以说：刚才查了查，你的腰椎不太舒服，而且腰椎间盘有点膨出，有点阴阳腿，脊柱有点侧弯，你得好好调理一下。因为今天义诊的人多，顾不过来，改天我再给你仔细调理。到第二次才收费。

所以搞义诊活动，要坚持两个原则：第一不开大方，第二不卖药。你立刻开方卖药，其结果是来了100个人，成交100个，以后再也没人来了，第二份收入就没有了。

举办活动的意义和目的是什么？需要理一下自己的思路。用笔把它写下来，写在一张纸上，根据这个来设置流程。义诊目的是让大家了解大夫，了解这里收费合理。

我有两次直播课，都没有挂小黄车，讲了两个小时。所有听课的人都蒙了：齐老师今天晚上啥也不卖？我说：这是公益直播，不卖东西的。

公益诊断之所以不收费，是为了打知名度。如果是为了成交，那就需要设计成交环节，是另一种设计了。忘了目的，忘了初衷，活动就是失败的。

义诊活动可以准备一些家庭小药箱，里面有口罩、消毒液，让别人感觉有收获，拿到了干货。比如，夏天到了，做一些小扇子，扇子上有二维码，当然电话也要写上，但相对来说二维码信息量更大。假如有人找王大夫，就打个电话，或者扫二维码，上面有王大夫的信息，二维码设计个箭头，加的时候有一些问候语：你好，我是王医生，毕业于北京中医药大学，从事医疗行业35年，在疼痛治疗方面25年，师从某教授和专家。就这么三四句话，就能呈现大夫的专业特长。

做引流时，一定要有宣传的物料。这些是看得见的东西。宣传手册是其中一种。小册子要简单，介绍一下医生和门店。大家知道，饭店都有特色菜，就是擅长的那道菜。医生擅长治疗什么病，门店有哪些特点，都要写上去。比如，门店成立于1991年，已成立33年了。原来是我父亲开的，我是第二代传人。从1991年以来，就深受当地百姓认可。文字旁边放上一张照片，还要有专家介绍。写医生介绍时，不能只是自己知道，设置一个影响大的，就是自己拜过的老师、跟过的老师，如某个国医大师，放上照片，注明这是我师父，我师从于他，如果有两人的

市场裂变

单独合影照更好。

对老师的介绍代表你的传承。传承代表着"根",照片弄完了以后,要有自己的介绍,在哪所学校毕业的,毕业多少年了。还要有徒弟介绍,如我们是医齐播团队,这两个人是我徒弟,他们跟我学的。夸自己的徒弟就是夸自己,夸他们的同时就把自己也架高了。

五、短视频

　　短视频引流和直播引流，是随着网络平台而兴起的一种商业形式，我们每个人都必须了解和掌握。如果觉得难，直播没话说，硬着头皮也得播。如果一句话也不说，也能坐一个小时，这也是功夫。能坐一个小时也不简单，坐着坐着就有话说了。其实直播就是聊天，粉丝有什么问题可以问，如怎样预防鼻腔疾病、怎么预防小孩积食。说着说着，自然就有话说了，也就自然了。

　　有人有镜头恐惧症。那就天天看着镜头，用这种精神就能克服任何恐惧。假如你见了女孩紧张，多见几次就不紧张了；面对镜头紧张，多面对几次就不紧张了。越不见就越紧张，紧张感就无法消除。你所担心的，你所害怕的，其实都不可能发生，也不值得害怕。

六、利用学校引流

利用学校引流，是非常好的一条途径。首先，要找一所熟悉的学校，这样进去更容易。

比如，你已经是医生了，就联系你的母校，你对校长说："我现在当医生了，在某些方面非常有经验。我想给我的母校做一次公益讲座。让家长学一些有关过敏性鼻炎的知识，告诉他们怎么饮食能够让孩子不得这种过敏性鼻炎。"

如果是治疗其他病的，也给家长们讲一次，让校长来组织就可以了。

去学校做讲座，不一定非要给多少钱，因为是为了感谢母校，给母校做点贡献，母校一般都会答应的。

七、窗口单位引流

窗口单位是指很多人聚集的地方，是一个信息交汇中心，当然也是传播的好途径。之所以门诊没患者，很可能是因为得罪了窗口单位。因此，一定要重视对窗口单位的维护。

那么，我们周围都有哪些窗口单位呢？

最重要的就是小超市。假如你门诊旁边有个小超市，你想做好引流，就一定要和小超市的人员搞好关系。从现在开始，只要是酱油、醋等在小超市能买到的东西，都只去一个地方买——离门诊最近的小超市。不要问为什么，先照做。你买时一定要说："我是隔壁的李大夫，平常买这些东西都是徒弟们来，我今天亲自过来。"给他一个理由：原来也买了，是徒弟来的。千万别说之前没在这里买过东西。经常照顾超市的生意，老板会为你说好话。这是因为，不照顾别人，别人也不会照顾你。我们要做有心人。去小超市买东西，去理发馆理发，去饭馆吃饭，一定要首先考虑最近的那家，这样容易和他们搞好关系。

比如，你去了一家饭店，就说："咱们这个地方饭菜口味做得非常好，而且还挺干净的，我门店的几个员工来吃过几次，以后再安排吃饭，就安排在咱们家。"饭店老板一定高兴。

做事如做人，做门诊先做好人，看病的功夫本在看病之外。人际关系的本质是你希望别人怎么对你，你就先怎么样去对待别人。你希望别人对你大气，你先对别人大气。你希望别人照顾你的生意，你先去照顾别人的生意。你希望别人对你好，你先对别人好，人家才会对你好。

所以，开发好窗口单位十分重要。人的成功40%依靠人际关系。平时注意要成为一个让别人喜欢的人。还有40%依靠人的认知和价值观——你的人生观、价值观。另外20%依靠你的专业知识。你可能说我的见解偏激，专业知识就这么不值钱吗？真的不值钱，它就值20%。

教你招数和套路的，都不是高级的老师，真正高级的老师是教你怎么做人。有一本书名为《羊皮卷全书》，说是一本营销书，实际上讲的全是如何真诚地对待别人，是一本极高境界的营销书。做好人能成大事，做好事只能成小事。成大事者，一定是做人非常成功的人。做人成功事业不成功的，只是暂时的；事业做得再成功，做人不成功，事业也是暂时的，怎么获得的还要怎么还回去。

八、慢病宣教引流

高血压是典型的老年病，做好慢性病的引流，对于这个群体有着非常重要的作用。

如果有个患者发病了，去你那治疗了，想要买长效药施慧达。你回答说29元。那人会扭头就走，而且再也不来了。这就是不讲究方式的错误做法。正确的做法是：先问病人吃药多长时间了，血压正常了没有？当然不会正常的，正常就不到你这里来了。你接着要说："都吃了这么多年了，还想吃一辈子吗？今天我正好不忙，平时我还没时间给你讲，我现在简单给你讲点高血压的知识，你愿意听吗？"患者当然说愿意听。然后，你接着说："什么叫血压？血液对血管冲刷的压力叫血压，就好像水对水管冲刷的压力叫水压。水管子的水压不够了，流不出来了，使劲捏水管的头，一捏就会滋得更远。我们的心脏像拳头那么大，它像一个泵一样。血液之所以流到全身，是因为它要把七大营养素送到身体各处的细胞里边，为身体提供能量。血液是负责运输的。你的血管现在因为血脂、转氨酶不正常，已经变成了油管，血液流得慢了，里边已经粥样硬化了。所以心脏要使劲地加压，要把血液里的营养物质送到全身去，为身体末梢提供能量。为什么人高血压的时候手指头会麻呢？因为供血不足。所以，要想把血压搞好，首先要改善血管的内部环境。降压药能改善血压指标，并不能改善血管环境。"

与患者交流就是一心一意替患者着想。

想引流，首先就是为患者好。患者为什么愿意到你这里来？因为你说的话有吸引力，他觉得你这人说话有意思，一下子就听懂了，他愿意配合。比如，你说："来，我给你开个药。这个药是控制血糖指标的中药，专门调理你的甘油三酯和胆固醇。把它们的指标往下降一降，血管质量就高了。"

要学会宣教。人来得差不多了，就讲一段，选择好宣讲的时间。

我给你们总结几句经典的话，以高血压为例。水对水管的压力叫水压，血液对血管的压力叫血压。水压不够的时候，我们会用力捏管子，为了喷得更远。同样，当血液黏稠（血脂高、胆固醇高）流不动的时候，身体本能会加压。所以高血压不是病，它对身体有自我保护的作用。导致高血压的原因有很多：肾脏有肿瘤血压会高，脾虚胃寒血压会高，精神压力大也会血压高……很多人血压高是因为吃的东西太油腻了。

成交有两个方法：要么加压，要么减压。加压就是制造恐惧。身体指标已经很高了，他还没感到难受。这个要加压，否则他不按时吃药。减压就是减轻心理压力。指标一般，已经疼得浑身出汗，忍受不了了，你说："用上我的药，立刻就不疼了。"这个时候第一要用止疼药，第二是减压。当人很痛苦的时候，就先解决痛苦，再慢慢调理，人快疼死了，你还说"别着急，我给你开点药，一周后就不疼了"。问题是，他坚持不了一周了，他需要立刻止痛。

关于慢病的宣教，值得我们好好研究。

中医的 12 个字歌诀：湿寒淤堵，望闻问切，君臣佐使。这是药的组合。万物生长靠太阳，人体健康靠扶阳，有胃气则生，无胃气则死。把这个原理给病人讲明白容易，讲得特别生活化不容易，讲话需要智慧。比如，有人问："你觉得中医好还是西医好？"你选择哪一个都不对。最好的回答是反问他："你觉得筷子好还是勺子好？"不用你回答，他自己就知道答案了：吃面条筷子好，喝汤勺子好，没有绝对的好与不好，要看他得的什么病。

九、转介绍引流

患者有三种类型。

1. 他的病在哪里都看不好的患者

这种人不会转介绍，因为他的病谁也看不好，他自己感到非常沮丧。遇到这类患者，建议把他推荐到上一级医院，为他指一条明路。如果把他推到另一个门店，等于把他推到坑里去了。因为另一家也看不好，结果是他对你也没有好感，不会给你转介绍。

2. 他的病在哪里都能看好的患者

表现为病不重，属于常见病，是个医生都能调理好的病，对医生来说价值不大。这种病人也不会给你转介绍。

3. 别人看不好，被你看好了的患者

给你转介绍的是病人，别人没有看好的病，被你看好了，他内心里感激你。只有这种人才愿意转介绍。你可以抓住这样的机会，引导他给你转介绍。

"帮我介绍几个患者，我不会让你白介绍。"如果这样说，只能证明你不是一个优秀的大夫。这样说话没底气，没有语言魅力。你可以这样问病人："张大姐，你在我这儿看病，你对我的技术和服务还满意吗？"张大姐一定说非常满意。你接着说："你满意就好，你的满意是我最大的心愿。你就别花钱为我送锦旗了。"注意这一定是开玩笑的语气。把这个玩笑说完后，张大姐就会不好意思，就会打算给你送一个锦旗。最关键的金句来了，这时你要说："张大姐，你帮我介绍患者吧，介绍患者不是为了帮助我，我也不缺患者，主要是为了帮助生病后非常痛苦的患者，让他们早日康复，少受罪。"这样说，就没那么功利，显得你很有情怀。

转介绍是为了减少病人的痛苦，也彰显了张大姐的爱心。你再补上一句："我知道你是一个很有爱心、很有影响力的人（一个人缘很好的人），别人都信任你，你就是我们门店的健康大使了！"她一定会高兴地答应你，这时你要趁机送些礼物给她。

十、其他引流

门店还有很多引流方式。

1. 视觉引流

门店色彩一定要鲜艳，如果这条街上所有建筑都是蓝色的，你弄一个其他颜色的，一定和别人区别开来。颜色要醒目，拥有冲击力，具有温暖感，这样容易被人记住。

介绍一个其他行业的案例，能带给我们一点启示。有个生产工业缝纫机的企业，在国内属于中等规模，品牌影响力都很一般。为了打开市场，老板花费重金请来一位专家。专家考察后发现，几乎所有的缝纫机都是灰白色和偏灰色的，看起来很单调。专家就想，工人们一整天都在蹬缝纫机，多枯燥的工作呀！为什么不换成色泽鲜艳的颜色呢？如紫色的。对这个主张，企业老板不能理解：缝纫机哪有紫色的呢？专家解释：正因为没有紫色的，我们才设计成紫色的，不然怎么和别人不一样，怎么让别人记住你？换成紫色后，在随后的一个展销会上，这家企业的缝纫机大放光彩，订单如雪片一般地飞了过来。

健康行业也是如此。颜色是吸引人的重要元素，人的知识多半通过视觉来获得，颜色是最能引人注目的。

2. 灯箱引流

门店一定要有灯箱。理发店门前都有个旋转的灯箱，上面有螺旋状的条纹，随着灯箱的旋转，条纹就形成很漂亮的动态图案。这就是利用灯箱传播门店的方式。

灯箱主要依托灯光吸引人，我们就要在这个方面下功夫。这也是成本低廉的引流方式。

3. 赠品引流

病人来看病，如果带走一些赠品，心里会有收获的感觉。比如，中医可以用金银花、枸杞、桂圆等熬一些茶，预防或辅助治疗某种疾病。这些具有保健功能的饮品，可以让路人免费喝，也可以带走一些。准备好一次性杯子，上面印着门店的标志，附近的商家、清洁工都可以赠送。进店就可以送一杯饮品。还提供一些免费的服务，如洗手间、免费Wi-Fi，免费测量血压、血糖，等等。

4. 活动引流

要想通过活动引流，需要和三类机构搞好关系。第一类是物业。和物业关系好，活动就容易得到他们的支持，至少不会找麻烦。第二类是居委会。举办的活动对他们有加持，居委会一般不会拒绝。例如，给孤寡老人量血压等。第三类是业主群。在业主群里争取博得别人的喜欢，昵称改成"儿科医生李大夫"之类的，告诉大家：有什么不舒服的地方，可以咨询我，我是咱们群的健康顾问。别人知道群里有个大夫，需要时就会找你，或者介绍朋友找你，引流的目的就达到了。介绍自己的时候，不能过早地暴露自己的成交意图，那样容易引发人的反感。

第四章 沟通

- □ 一言不中，千言无用。
- □ "倾听"等于"解决"。
- □ 认识是最低等级，信任是最高等级。
- □ 我们喜欢的，不一定是顾客喜欢的。
- □ 沟通不是自己说了多少，而是别人听懂了多少。
- □ 学会讲故事，忘掉讲道理。

沟通是一门艺术，是人际关系的润滑剂。良好的客户关系，本质在于良好的沟通。沟通是市场裂变的基础。

第四章　沟通

一、顾客心理解读

　　了解顾客心理，是成交的基础。如果按性别分，顾客可以分成两种人：一种是男人，一种是女人。男女心理活动各不相同：女人属于听觉型的动物，特别在乎别人对她的感受；男人属于视觉型的动物，特别注重自己看到了什么。男人为面子活着，吃多大苦都憋在肚子里；女人为爱活着，为在意自己的人活着。很多男人赚了钱，都交给了老婆，但是老婆并不知足，甚至还说男人不爱她。女人要爱，还要在乎和理解她。很多女人结婚后觉得婆家不理解她，娘家不理解她，孩子也不理解她，世界上没有人理解她。

　　了解这些与生俱来的人性，不是创造一些茶余饭后的笑谈，而是为了和顾客更好地沟通，帮助大家做好营销裂变。比如，了解了女性患者的心理，当诊所来了女顾客的时候，有一个非常重要的指导原则，概括起来是四个字：我理解你。

　　她认为世上没人理解她，她的孩子、父母、同事甚至闺蜜都不理解她。作为健康顾问，你一定要理解她。掌握和她沟通的技巧和方法，她会觉到你特别温暖。比如,有个顾客跟你说:"你知道吗?我这妇科病是月子里落下的,我婆婆那人特别不讲理,怀孕好几个月了,甚至快生的时候还让我用冰凉的水刷碗,我那个傻老公也不知道心疼我。"说明这个女人憋了一肚子苦水,这时你应该这样回答:"你真不容易,我理解你。"她听了会非常感动。不能直接说:"这是妇科病,我给你开点中药吧。"你直接说这话的时候,你已经输给了顾客,因为你没有努力去理解她。

女人夸自己孩子时,千万不要给她讲药;讲自己不容易时,你不要给她讲产品,更不要与她成交。你就静静地看着她,感同身受地说一句"我理解你"。因为女人需要被理解,和女人在一起,要展示自己的倾听能力。因为男人和女人遇到压力时反应是不一样的:男人需要独处,越有压力,越不想和别人分享;女人呢,需要诉说,她会找别人诉说,渴望对方理解她。所以遇到女顾客诉说自己的不幸时,你一定先说一句"我理解你",然后再去分析生病原因。

当一个女人愿意把自己的隐私说给你听的时候,你俩的关系就到了信任级了。认识是最低等级,信任是最高等级。

我们都在寻找建立信任的路径,其实感情的沟通就是一条捷径。沟通不是口头的,而是心灵层面的,不是简单的夸夸其谈、滔滔不绝、口吐莲花、舌卷风云、上知天文下知地理,这样会把顾客讲得一头雾水。所以口才好,不等于会沟通。好的口才是指在合适的环境下说出合适的话来。什么情况下该说什么、不该说什么,都要因时因地因人而定。

二、倾听就是解决

倾听是沟通的一种方式，而且是非常重要的沟通方式，特定情况下，只需要倾听就能解决很多问题。一个真正的沟通高手，不一定是一个特别会说的人，而一定是一个特别会听的人。

倾听不是只听不说，是可以说的，但"说"只是引导语，只是发问和过渡。比如，"还有呢"或者"再后来呢"。

发问语和过渡语的作用：一是引导顾客继续说下去，把心里话全部说出来；二是表示了对顾客的关注、关心和关怀。

从你的倾听和发问语中，顾客能懂得其弦外之音。虽然你没能为顾客解决任何实质性的问题，但她的心理问题却解决了。或者说，本来就没有什么问题，本质就是心理问题。能够向别人倾诉，或者有人愿意对你诉说，这是一种能力。如果门诊不是特别忙，至少要陪她 10 分钟到 20 分钟，听她和你说说心里话。陪她的时间越长，她对你的信任度就越高。信任度越高，越容易成交。

有个咨询案例：几年前，有个优秀女企业家找到我，她说："老师,我的家庭遇到了麻烦,公司经营也遇到了困难,特别希望你到我这里,帮我梳理一下。"我过去后,就开始和她聊天。

我问:"今天你想跟我谈些什么?"

她于是就说,没完没了地说,像开机关枪,讲了老半天。

我说:"家庭和公司具体发生了什么?"

她就接着说,同样像开机关枪,又讲了老半天。

我问:"这件事情对你的影响是什么?"

她又像开机关枪一样,讲了老半天。

我问:"如果问题能够解决,将会怎样?"

她说如果能解决太好了,能解决不就没问题了。

我问:"影响你解决的障碍是什么?"

我最后问:"还有什么好的办法?"

她把解决问题的思路说了一遍,说得还挺好。

从早上8点到下午2点,几乎全是她一个人在说,除了几句引导语外,我几乎没说什么话,全是她一个人在讲,包括最后的解决方案。聊完,她握着我的手说:"老师,你的口才太好了,你能力太强了,所有问题你都帮我解决了,我明白我该怎么做了。"实际上,我什么也没说,什么也没做,是她自己想明白了。

心理学上有个催眠的概念,让人沉浸在某种环境中,再接受外部给予的思想。最厉害的催眠就是自我催眠。人都在接受别人的教育,其实教育不是教导和教给,而是一种体验、一种提醒。影响一个人非常难,几乎是做不到的,特别是对成年人。

人们喜欢和思想与自己同频共振的朋友合作,因为和自己同频的人能产生共同的震动。所以,以后遇到女顾客,一定要注意"多问"和"多听"。其行为对应的是两个能力:"问"的能力和"听"的能力。

过去我们犯了很多错误，最大的错误就是给别人讲得太多，希望别人能听明白。别人之所以不选择我们，是我们没有给别人说话的机会。别人之所以不信任我们的门店，是因为我们从来不听他的感受。每个人都有表现欲，都想讲讲自己的心得体会，但是我们没有认真听，也没有让他说。

我有一次去看牙，女大夫不分青红皂白就把我摁到牙椅上。我说：前段时间吃羊肉串，这地方就肿了，放的辣椒太多，可能是上火了，肿了之后老感觉这地方多了一块儿。我还想说：多出的一块儿现在下去了，不疼了。但没等我说完，她就把我摁在牙椅上：我给你查查。不听别人说话，这是非常大的败笔。

和女顾客不同，男人爱面子，希望得到别人的认可，最不希望别人说他错了，这是男人的一个共性。所以，对男顾客经常说的一句话就是"你说得对"。

男人大多有大男子主义倾向，觉得自己是对的。很多男人用管理企业的方法管理家人，但能管好一家5000人的企业，未必能管好自己的老婆和孩子。人们常说：枕边无伟人，近处无风景。所以，遇到男顾客千万不要否定他。

不讲对错是最基本的沟通原则。无论他说得对与错，都不去否定。其实世界也本就没有对错。如果我写一个阿拉伯数字"3"，在我右边的人会说这是一个"W"，左边的人会认为这是一个"M"，正对面的人会认为我把"3"写反了。同样一件事情，角度不同，认知就不一样，每个人都有自己的认知。所以，看到有奇怪行为的男顾客，要理解他，也许他有他的道理。

比如，男顾客得了神经衰弱，给他开药，帮助睡眠和稳定神经的，再配一些其他中药。他却说：我最近读了一些佛学书，正在家里打坐，打坐能消除我的焦虑。那么，我们该怎么应对这个病人呢？

很多男顾客爱好打坐，找医生看病，也把打坐这个爱好说出来，希望得到医生指点。面对这种情况，有的医生就会说："你打坐能打好，要大夫干什么？"这个回击铿锵有力，让对方哑口无言，看似是你赢了，实际是你输了——顾客不高兴了，不接受你的治疗了。所以，不管他说什么、做什么，都要先说对方没错，然后慢慢纠正。你要承认打坐对身体有好处，尤其对他现在的病很有好处，能起到辅助治疗的作用。但要注意姿势，他年龄大，打坐时间长了对膝关节会造成负担。要想彻底治好，还需要一个调理方案。如果坚持说"你是错的"，那不是最好的沟通方式。

同样道理，面对一个喜欢素食的男性心脑血管病人。我们可以这么说：素食能养生，你喜欢素食，对身体是有好处的，甘油三酯和胆固醇等指标会得到优化，如果配上我的针和药，效果会更好。就是让客户明白，吃素食只起到辅助治疗的作用。没有说病人是错的，再配上针和药，病人是乐意接受的。

面对顾客的固执，可以最后补充一句："实际上，对正常人来说，如果长期吃素，对身体并不好，身体需要的营养成分很难得到补充。"

生病后，人们都会想到保健品。关于保健品，我们经常说，保健品不能代替药物。如果遇到这种情况，你可以这样和顾客沟通："保健品不能代替药物，但药物也不能代替保健品。"

我们知道，药物的确不能代替营养素。如下这样为顾客科普一下，可以改变他们的认知：钙、镁、锌、铜、锰、铁，这些是微量元素，而蛋白质、维生素、纤维素、维生素E、维生素C、维生素B、B_1、B_{12}、烟酸、泛酸等都是人体不能缺少的。药物里没有这些成分，这就是要吃保健品的原因。

为了让顾客更好地了解保健品，让身体尽快恢复健康，实现成交的目的，我们一定要记住以下两句话。

1. 补墙要用砖

房子坍塌了，墙倒了，需要重新砌起来。用什么砌，房子和围墙本来是用砖砌的，当然也要用砖来修补，换成其他材料，不管怎么修补，不仅不好看，而且不结实。

2. 补衣服要用布

衣服破了个洞，需要补一块补丁，这个补丁还是用布来补，最好是与衣服料子一模一样的布。不锈钢的材料坚硬好看，但不能用来补衣服。

可以这样解释：细胞依靠营养素生存，细胞受伤了，自然需要补充营养素，保健品区别于药物的地方，就是为人体提供了丰富的营养物质。

两句话，就解释了要吃保健品的原因，这就是沟通的艺术。

最好的沟通效果，就是传达信号让顾客顺利接收。信号传达有误，或没有被顾客接受，就要从自身找原因。

三、不可触碰的"四个不"

1. 不反对

人人都有尊严,都要面子,自己说的话希望得到别人的认可和称赞,这是人性决定的。有时候说话的内容是否正确并不重要,重要的是有没有得到尊重。不加思考地反对别人,就等于站在了别人的对立面,为自己塑造了一个敌人。最终的结果是:我们说应该向东走,对方一定向西走;我们说应该向南走,对方一定向北走。

2. 不否定

和顾客沟通,最忌讳的是否定他的想法。不管他说得对不对,只要你否定他,他就不喜欢你,你说的所有话他都不会接受。因为你让他没了面子,他也会故意让你难堪。因此,不否定对方,是沟通的底线——如果你还想成交的话。

3. 不打断

从礼仪角度分析,随意打断别人说话是不礼貌的,让对方觉得你不

第四章 沟通

尊重他。在倾听别人说话的过程中，尽量不要打断别人的话，让他把话说完。话说完了，问题就解决了一半。

有一种情况，对方没完没了地说，说的全是废话，你可以打断他。但打断他，也要讲究方式和方法，不能简单生硬。我们可以这样说："你刚才说得非常多，我也挺认可的。我做个总结，你是不是这个意思……"你要把他刚才说的话再说一遍，这样显得比较重视他，他也就能接受了。

4. 不评判

沟通过程中，接受自己认可的观点比较容易，接受自己不认可的观点比较难。对于认可的，我们可以高度肯定和赞扬；对于不认可的，也千万不要给予不当评判。这里有两种情况：一是可能是对方错了，二是自己的认知不够，是自己错了。但不管哪种情况，都不能简单地做评判。因为这样做了，就伤害到了对方的感情，沟通就无法继续进行了。

比如，你去听一位老师讲课，老师讲了十项内容，其中八项对自己有帮助，这八项就要好好把握。另外两项自己不认可或有不同意见。这时先不要着急去评判，最可能的原因是，自己的人生经历还不够，认知还没有到达一定高度。好比老师是博士生，自己是小学生，听不懂是正常的。最好的方法是先记下来，回去慢慢消化。

有一次，我在线下做培训，讲台上有一个很大的白板，我用白板笔在白板上用力杵了一个点。我问学员：你们看到了什么？他们说：我们看到了一个污点。白板是白色的，但大家都没看见，只看到了一个污点。

这个现象告诉我们：不能只盯着别人的缺点，更要看到别人的优点，并想方设法赞美别人、祝福别人。你赞美和祝福别人，别人不一定幸福，但你肯定是幸福的。

市场裂变

认真思考一下，在以前的沟通中，你有没有犯过这样的错误：经常反对别人，经常打断别人，经常否定别人、评判别人。只要反对、打断、否定、评判顾客，就会造成顾客的不愉悦或不快乐，顾客体验感一定不会好，就不可能继续听你说话了。

比如，对于家庭教育来说，很多孩子都有叛逆行为，你可以说是孩子的原因，但从根本上说一定是父母的原因。父母在和孩子沟通过程中，总是反驳孩子的观点，总是不停地打断他、否定他，从来不去肯定他、赞美他、鼓励他、引导他。孩子心情不好，怎么可能再去接受父母的"大道理"呢。

所以与顾客沟通，不仅坚持"四个不"，还要肯定他、赞美他、鼓励他，用欣赏的眼光看待他。"我一看你就是一个自律性很强的人，不然你不会把企业做那么大。"听到这样的鼓励，顾客心里一定很高兴，本来只想吃半个月的药，心里一高兴，那就接受医生的建议吧，坚持吃一个月的。

还有一种情况：子女带着老人来看病。这时你要夸奖老人："大娘，你太有福报了。你的孩子这么懂事，我一眼就能看出来。"不要直接夸奖子女，那样效果会差一点。

类似夸奖的句子还有很多，我列举一个，供大家参考。"我从医25年了，经常见妈妈抱着孩子来看病的，儿子陪老母亲看病的并不多，您儿子绝对是一个大孝子，孩子以后福报就大了。"当你把这个标签给了顾客时，顾客的心情一定非常愉悦，愿意接受你给他的一切建议。

赞美别人的时候千万不要怕夸张，即使采用夸张手法，而对方也明明知道你是故意夸大他的优点，他也会高兴的。虽然有点夸张，但谁愿意拒绝别人的赞美呢？

这就是高情商的人说话的艺术。

第四章 沟通

四、中医沟通话术

关于中医针灸沟通，我针对以下几种情况与大家分享几个话术。

1. 患者问：扎针疼不疼

你要回答说：有点感觉。

然后，接着说：这感觉是你可以接受的。注意这个"接受"很重要。河南有个大夫，曾经听过我的课，但他记错了，对患者说：这感觉是你可以承受的。承受听起来更沉重，患者的心理压力增加了不少，所以很害怕。

之后你可以接着说：有人有感觉，有的人没感觉。随后这样给顾客解释：每个人的神经敏感度不一样，这造成了感觉不一样。这句话让患者更放松了一些。患者会存在一种侥幸心理：但愿我是那种没感觉的人。

2. 患者问：价格贵不贵

这几乎是所有消费者共同关心的问题，也是比较难以回答的问题。当顾客问贵不贵的时候，正确的做法是：强调治疗效果，即"顾左右而言他"。他问价格，你说治疗效果，谈的是对顾客的价值。

"一般情况下，在我们这里调理完了鼻炎后，三年之内是不会复发的，这是我们多年的经验。在大医院里治疗这种病，需要四五千块钱，我们全部下来也就2000来块钱。"

先肯定价值后说价格，顾客才能接受。如果不突出价值，而是直接说价格，不管多少钱，顾客都会觉得贵。

离开价值谈价格，等于失去了衡量价格的标准。

3. 患者问：有没有副作用

很多药物和疗法都有副作用，不管中医还是西医，这是不争的事实，因此不能逃避。但通过正确沟通，可以消除患者的疑惑。一般的做法是：承认事实，淡化危害。

具体操作是这样的：一是讲解本疗法的特点，强调副作用很小；二是采用比较法，与其他疗法相比，这种疗法副作用最小。

比如直肠给药，我们可以这样回答：任何方法都有副作用，但直肠给药不通过口腔、胃、小肠，就是不经过胃肠，它的副作用是最小的。或者说，几乎没有副作用。

再比如贴敷，我们可以说：治疗孩子积食有几种方法，打针、输液、喝中药，这几种方法都有副作用，与这些方法相比，贴敷的副作用是最小的，除非孩子皮肤有问题，可能会引起过敏外，它的副作用几乎为零。

可以再举几个生活中的例子。"我说吃米饭有副作用，大家信不信？不信的话连续十天只吃米饭，不吃任何菜，一定能吃出高血糖来。水和酒有没有副作用？照样有！晚上九点半以后，喝酒喝水都会给肾脏造成负担。"古人说，两害相权取其轻。既能治好病，又尽量减少副作用，说的就是这个道理。

4. 患者问：能除根吗

对于这个问题，我们不能直接回答，而是设置问题让患者自己领悟。拿起一只杯子，把杯子放到诊桌上，对患者说："你的身体就像这杯子一样，你不小心摔坏了，我帮你粘起来了，你问杯子还会不会坏，这得问你自己，你摔它就坏，你不摔它就不坏了。你按疗程吃药，病好了之后还会不会再犯，就看你能否改变不好的饮食习惯，你改不了坏习惯，想怎么着就怎么着，身体肯定还会出问题的。每个人自己才是自己的第一健康负责人，而不是医生。"

..○ 市场裂变 ○..

五、两个沟通技巧

心理影响着人的行为,面对患者,我们有时需要加压,有时需要减压,这看似矛盾的沟通方法,是所有医护工作者都应该掌握的。

1. 加压

当患者疾病指标出现了,但还没有症状,这时就需要加压。比如,低压110,但不头晕,餐前血压150,没有任何感觉。我们就要谈一谈这个病未来的发展,讲清楚疾病发展的规律。如果放任不管,未来一定会出现问题。再如,胃炎如果放任不管,严重了就是胃溃疡、胃穿孔、胃癌等;高血压放任不管,严重了就是心脑血管疾病,如中风、脑出血、心梗等。这叫作"加压"。

加压不是万能的,不是什么时候都可以用。人快疼死了,你说"忍着点,现在还不是最疼的,以后会更疼的",非把病人吓死不可。

2. 减压

遇到非常痛苦的人,就要采用减压的方式。牙疼,快疼死了。医生说:我给你扎一针,扎完后就会缓解70%,今晚就能睡一个好觉。原来不能睡觉，现在能睡个好觉了，病人该多高兴。这叫作"减压"。

就是说，不同病人处在不同阶段，与其沟通的方式和重点是不一样的。

诊断过程中，病人关心的内容是不同的。

开始病人关心得的是什么病，能不能治好，这是当前沟通的重点。我们要清楚地告诉病人：你得的是什么病，怎么治疗，在我这里治疗有什么好处，如果不治将有什么危害；或者，这个病中医怎么治，西医怎么治，中西医结合怎么治，需要多长时间。这是诊中要讲清楚的。

与诊中不同，诊后沟通侧重关心和服务。送温暖是这个阶段的重点。有一次，我去诊所拔了牙，事后诊所给我发来一则短信，内容如下：

尊敬的齐先生，感谢你选择我们诊所。你刚刚拔了牙，晚上最好不要刷牙。你可以吃凉的东西，但不能吃热的东西。三天之内漱口时会有少量出血。这是正常现象，请不要担心。祝你身体健康。下面是我们前台电话，有任何问题都可以跟我们联系。

这就是诊后服务。

设想一下，病人看完病就走了，如果你不联系，再来的机会就减少了很多。希望继续与顾客沟通，最好的方式就是发信息。这叫信息沟通。采用这种方式沟通的时候，尽量不直接询问对方的病情。比如，你发信息：我是口腔医院，你的牙还疼吗？如果病人回复说还疼，这是多么尴尬的事情呀。正确的沟通方式是，只发问候信息，让病人感受到温暖。或者发服务信息：出血是正常的，疼也是正常的，请不要担心，有事请第一时间联系我。这种沟通方式的特点是：无须对方回复，只让对方感知你的关心，以后有需求自然会找到你。有医生不敢打回访电话，甚至担心病人给自己打电话，这种担心是多余的。打电话是病人信任你的表现，对诊所来说是一件好事情。更好的做法就是，主动联系病人。主动远比被动效果要好得多。

..。市场裂变。..

六、菜单模式

在与顾客沟通中，还有一个模式叫菜单模式。

我问大家一个问题：你去饭店吃饭，服务员说："你别点菜了，我们帮你点好菜了——酸辣土豆丝、醋熘土豆丝、炒土豆丝、凉拌土豆丝、炖土豆、炸土豆……都是厨师爱吃的。"请问你对这种服务满意吗？

所以，设计治疗方案，不能一厢情愿地提供你喜欢的，要考虑顾客是否喜欢。有人喜欢针灸，"针灸副作用小，你就给我扎针灸"；有人喜欢中药，"我习惯吃中药了，生病就吃中药"；有人强调安全，"无论如何，不能给我用激素"；有人强调疗效要快，"我嗓子哑了，明天必须让我说出话来。不管用什么方法"；有人强调省钱，"慢点没关系，别用太贵的药"。

人人都想成为高手。高手不是医术高，而是能以顾客为出发点，以顾客为中心，让顾客喜欢。我们虽然是做医疗的，但从某种意义来讲，治疗方案和服务也是一种商品，只是带有救死扶伤的元素、带有医生的温度而已。我们一定要让顾客清楚自己的病情和医生的治疗方案。

比如，遇到孩子积食，你可以这样解释：我想好好给孩子调理一下，但是可能需要一段时间。中医的效果比较慢，但调理完了之后，对身体伤害比较小。如果你特别着急，也可以用一些西药，马上就能控制指标。这样顾客就会自己做出选择。

一种疾病可以有十几种治疗方案，每个方案都不一样，治疗效果可能都不错。但顾客的认知不同，价值观不同，其接受程度也不一样，针对不同的顾客设计不同的方案，让顾客做出选择。这叫作菜单哲学。

推荐"菜单"时，不能同时推太多，最多三种。千万不要极力推自己喜欢的方案，自己喜欢的不一定是顾客喜欢的。一定要记住一个名词——特殊性。特殊性与普遍性相对应，是专门针对顾客设计的。我们喜欢某种疗法，依靠它治好了一个患者的病。但不一定能治好所有患者的病。有一个开经方的老师把肝癌给调好了，我们说这老中医太厉害了，但这位老中医有多少这样的案例？所有肝癌病人都能治好吗？我们知道答案是否定的。如果靠经方能把所有的病调好，那就可以获得诺贝尔生理学或医学奖了。特殊性不代表普遍性，这一点需要我们理性看待。

人们都有一种偏爱：学了一种技术，如针灸，就觉得所有人的腰椎都不好，都可以用针灸来治疗。不要过分迷恋或者是迷信某一种治疗方案。人体是极其复杂的，不同的疾病对应着几种治疗方案，我们要用一颗敬畏的心来对待，"五位一体"的治疗方案是有科学依据的。

导致生病的原因有很多，遗传的、生理的、心理的、社会的、家庭的、环境的等，都与疾病有密切关系。原因不同，治疗方案和方法也不同。医生钟情于某种技术和方案，是可以理解的，但这不是客观的，也是不科学的。

简单做个总结，要以顾客为中心，不能自以为是，不把自己喜欢的推荐给顾客，因为我们喜欢的不一定是别人喜欢的。

七、有关沟通的案例

薛凤贤,女,四川攀枝花人,中西医结合门诊,主治偏瘫、中风、脑中风等疾病。

在中国的传统里,女性以温柔贤惠为美德。在家听父母的、听丈夫的,从不自作主张。但薛大夫是个例外,她有胆有识,个性强势,凡事喜欢独立思考,自己做主。这种性格让她取得过成功,也让她付出过代价。

曾经,不懂或不愿与人沟通,让她吃过不少亏。

强势性格的人,一般不愿听取别人的意见,难以和人沟通。从经营诊所上也能看到这一特点。

1. 沟通,把诊所带入佳境

有一年,诊所选址,薛大夫看好一个位置,她爱人却不同意,说这个地方人流少,人气不旺,不适合开诊所。但一向强势的她,哪里能听得进去。不由分说就定下来,最后的结果是:诊所经营不善,不得不关门。

与患者沟通也是如此，自己说什么就是什么，不容患者随便插嘴，这是医术高超的表现，也是医患矛盾的源头。长此以往，患者逐渐减少。直到遇到了齐老师，才改变了她这个不善沟通的毛病。

她和齐老师也是有缘分。有一天，她爱人小心翼翼地和她商量："有个讲诊所经营的老师，课程很接地气，很实在，咱们要不要去听听？"

还好，她这次没拒绝。课程设在郑州，夫妻两人就去了。

课程太精彩了，以至于她们听了一遍，还想再听一遍。比如，讲到医术与沟通的关系。齐老师就说：技术是根，沟通是魂。很多基层医生，技术没问题，甚至极度自信，但不懂沟通，费了九牛二虎之力，诊所的患者却越来越少。

拉近医患关系，是诊所经营中的重要方面。之前薛大夫不知道这一点，和很多人一样，认为医术好，一切就都好。齐老师讲的一个案例，让她茅塞顿开。比如扎针，有的人一点都不怕疼，有的人则怕得要命，后者在扎针前往往会问："大夫，扎针疼不疼？"如果大夫说疼，患者哪里还敢让人扎？如果说不疼，那就是撒谎，患者之后一定会怨恨你：你这家伙，骗我。

遇到这种情况，大夫要说"有点感觉"。这是齐老师教的，薛大夫将其应用在临床上，发现效果特别好。

站在患者角度考虑问题，是构建融洽的医患关系的出发点。

中医讲究望闻问切，就是尽量从患者身上获取更多的信息，从而使对患者病理的分析更加准确。这是"问"的价值，目的是"撬开病人的嘴"，打开病人的"话匣子"。

2. 沟通，让家庭和谐美满

小时候，薛大夫有个要好的朋友，名字叫小建，不幸的是，小建感

111

染肺结核去世了。那时她就想：如果自己是医生该多好！

等到她选择职业的时候，这个想法遭到了父母的反对。那时薛大夫还小，虽然个性强，不愿意听从家人的，但胳膊拧不过大腿，她还是勉强同意了。参加工作后，当了护士，觉得自己身材出众，口才超群，思路敏捷，眼光独到，按部就班的生活方式并不适合自己。但别人不这么认为，她不管这些，一不做二不休，辞职走上了创业路。

"男主外，女主内"是中国的传统。在薛大夫家却正相反，薛大夫强势，一人做事一人当，从不和别人商量。拿买房子来说，一套房子上百万，可能会住几十年，放在谁家都要商量一下。薛大夫那年去看房子，一眼就看中了，二话没说就交了订金。

"这需要和人商量吗？"

当然需要，买房是所有家庭成员的事，不管别人的意见对不对，和别人商量就是对别人的尊重——家人也需要尊重。爱人知道她的脾气，平时也让着她，不然家里早就硝烟弥漫了。

齐老师说："夫妻之间，需要互相尊重，遇事多商量，都要给对方留出面子。"这句话让她受益匪浅。

再说说与孩子相处的技巧。薛大夫的女儿长大了，进入了叛逆期，与父母的沟通越来越少，这也与薛大夫的强势性格有关。久而久之，两代人就拉开了心理距离。爱人脾气好，逆来顺受，一直争取与孩子的沟通，效果都不理想。后来薛大夫自己学会了沟通，奇妙的结果就出现了：孩子和他们的关系很快就恢复到其乐融融的状态。

学会与人沟通，自己的心情也就平和了。过去自己不高兴，想骂谁就骂谁。现在，即使自己再不高兴，也要平静地对家人说："咱们回家说吧！"

薛大夫交友有个原则，不与不孝顺老人的人交朋友。"父母养我们小，我们养父母老。"这些年，有关临终关怀的话题越来越多，过去人们不愿意与亲人讨论，造成很多遗憾。明白了这个问题的严肃性和重要性，她准备与母亲讨论一下，一旦母亲面临这个问题，一定要确保她能安详幸福地离开这个世界。

3. 沟通，联合起了医生

去听老师的课，薛大夫的目的很简单，就是学习医患沟通技巧，让诊所多来些患者。谁知课程的影响是那么大，这让人想都想不到。

中国有句古话：同行是冤家。意思是说，同行会是抢自己饭碗的人，会对自己构成威胁。因此，对同行要始终保持警惕。这话有一定道理，但也具有很大的片面性。之前，薛大夫是不与同行有过多交往的，也没有什么可以合作的，加上自己个性太强，诊所一直处于稀松平常的状态。

因为听了齐老师的一次课，薛大夫才改变了这一错误的观念。医生之间不应该是冤家，而应该是合作者。即使是竞争者，只要是良性竞争，也会推进行业的进步和社会的发展，对患者、对社会、对国家都是一件大好事。

过去的薛大夫心高气傲，喜欢单打独斗。后来与其他医生接触多了，交往多了，发现大家原本是可以互补的——专业互补、性格互补、能力互补。团队弥补了个体的缺憾，个体提升了团队的实力。

如今，一个小"联盟"成立了。薛大夫和另外几个医生朋友，也包括她自己的爱人，总共四人，大家在一起学习，一起研究，一起为病人看病。几个医生都有自己的特色，有的擅长输液，有的熟悉调理，有的专治疑难杂症。大家在一起无话不说，其乐融融。大家每天都要沟通当天的情况，还把研究成果记录下来。大家还决定，把这些资料整理后出版。

第五章 成交

□营销的目的是让推销变成多余。
□招数有用但也有限。
□成交=90%价值贡献+10%操作。
□环境影响认知,认知引导行为。
□推销是步枪打鸟,营销是机枪扫射。

成交是重要的营销环节，也是变现的最后环节，在营销体系中占有极其重要的地位。

　　成交就是顾客完成掏钱购买的过程。我们先探讨一下顾客为什么会掏钱购买。

第五章 成交

一、四个"值"

我把顾客掏钱购买的原因总结为以下几个因素：环境值、用药值、宣传值、形象值。下面分别说一说。

1. 环境值

这突出的是顾客就诊时环境带来的心理感觉。

西方有一种哲学理论，认为人就是环境的奴隶。有什么样的环境，就有什么样的行为。就是说，环境决定头脑中的认知。我们姑且不谈这个哲学体系是不是科学，但在营销体系中，营销环境发挥着较为重要的作用。

曾经有人做过一个实验：在一家企业的洽谈室里，墙上挂着一些钞票、黄金之类的与财富有关的图画，坐在这样的环境中，顾客就喜欢讨价还价，将墙上的图画换成美丽的风景画，顾客则喜欢谈论产品的品质和舒适度。也就是说，环境与顾客关心的问题有一定关联。这就是我反复强调环境作用的原因。

2. 用药值

这突出的是药的价值。

不同的治疗方案，甚至相同的治疗方案，也因为用药的不同，引起顾客认知的不同，从而影响成交意向。

我们在推荐治疗方案的时候，一定要注意提升用药的价值，让顾客认识到，药物品质直接影响着治疗效果。这对于高净值顾客来说，是十分重要的。

3. 宣传值

这突出产品或服务长期宣传获得的效果。

今天，人人都知道宣传的重要性，认为"酒香不怕巷子深"的年代已经过去了。但如何进行宣传，很多人还不懂。这里提醒大家一下：宣传必要突出特点，要和收费标准相匹配。

如果你的诊所和别人的诊所没区别，顾客为什么会到你这里来？或者你的收费标准凭什么比别人的高？这一切都与是否善于宣传有密切关系。

找到与别人不同的地方，走差异化道路，才能把收费标准提上去。

4. 形象值

这突出的是个人的形象。

想要成功，首先把自己打扮成成功人士的样子，这是一位营销大师说的。同样，要想成为权威和大师，先把自己打扮成权威和大师的样子。这需要从塑造医生个人形象入手。

我在这里对大家提一个要求：一年365天，只要在门店，医生必须穿白大褂，即使天气再热，也不能穿T恤和拖鞋。除着装外，从发型到肢体动作，都要把自己塑造成权威形象。让顾客从医生的形象气质中体会到专业深度和思想高度。

例如，我经常去运城兵锁儿科，为他们诊所提供服务。我只要走到门前，总有一个人为我开门，之后全部医护人员都会起立，90度鞠躬，然后说"齐老师好"。他们对我非常尊重，并不是我有多厉害，而是他们很厉害。他们不仅对我这样，对优质顾客都是如此。后来他们有了自己的产品，业绩做得相当好，这与他们的形象值、用药值、产品值和宣传值都是密不可分的。

你的价值到了一定程度的时候，成交就变得非常简单了。

二、推销与营销

有个成语叫"大道至简"。什么叫"道",道是"大道",是客观规律,客观规律是不能违背的。要实现成交,其实并不复杂,它是一种瓜熟蒂落的、自然而然的行为。我们需要遵循客观规律,遵守底层逻辑,不用把问题想得那么复杂。

努力会有结果,但不一定会有好结果。首先,好结果的前提是自己做的事有价值。其次,做事有规划。要知道目标是什么,重点在哪里。最后,通过努力实现目标,人的努力才有价值。

"营销"这个词最早起源于美国。美国商业起步早,中国现代商业起步于改革开放以后,算起来还不到 50 年。美国独立后,诞生了很多商业大师,如卡耐基、波特、洛克菲勒、韦尔奇等,他们的理论被一些人说成是成功学。他们之所以被称为营销大师,一定是对商业发展做出过巨大贡献,是我们学习的榜样。

在这些大师中,有的在管理学上成就很高,有的在营销模式上贡献很大。我认真地研究过他们的营销理论。现在我把学习心得和大家分享一下，讲讲什么是推销，什么是营销。

推销是一对一的，是主动上门让顾客购买的行为。我们去拜访顾客，说服顾客购买我们的服务，这就是一对一地推销。有一定效果，但效率比较低。

想办法让顾客主动购买，甚至一群顾客主动购买，这就是营销。营销的目的是让推销变成多余。

营销是一对多的。这一点与推销完全不同。它们的身份不同，营销更像一个指挥官，运筹帷幄，决胜千里，收获的是战略上的全面胜利。推销则喜欢一步到位，更像是一个战士，一枪消灭了一个敌人，就算完成了战斗任务。今天想把产品卖给顾客，目标就是今天收到钱。

推销做起来是很费劲的。一个战士对付的目标是有限的，一般一对一，可能一对二、一对三，但绝对不能一对一百。会推销是一种本事，但这不是销售的最高境界。

营销不追求一步成交，它由多个步骤组成。我以自己为例子解释一下门诊营销。

第一步，我做出了几个成功的案例，如许氏中医、兵锁儿科、永安堂。它们的平均年收入都在 300 万元，对普通诊所来说，这是绝对成功的。

第二步，我开始给药企讲课。我讲过课的药企在 50 家以上，而且多数是头部企业。后来我开始和技术平台合作，如徐老师耳鼻喉这样的技术平台。

第三步，我和大咖合作。和他们合作，不是简单地合作，而是深入地合作，这是对顾客负责任的表现，也是合作的前提。我让王自平老师给我扎拨针，让田宇老师给我扎过刃针，还体会过各种各样的疗法，然后深入分析研究，全方面研究这些大咖，才让我的课程和咨询更贴近诊所，有效帮助它们提升业绩。

第四步，我写了书，拍了视频。大家都看了，甚至不止一遍地看，因此了解了我的故事，了解了我的实力。这些视频和书籍，都明确告诉大家：我有成功的案例，我有丰富的经验，而且我愿意教大家。

大家认可我，是营销的前提和铺垫。

所以，营销是体系作战，有多米诺效应。局布好了，只要轻轻一发力，系统就产生了连锁反应，这是营销体系在起作用。

现在，我写书讲课，还做直播，我也参与很多门店、医院和养生会所的经营。我和他们之间有的是深度合作，有的只担任顾问，有的有我的股份，这是因为我能给他们提供咨询服务。

《孙子兵法》里说，胜兵的标志是"先胜而后求战"，而败兵的标志是"先战而后求胜"。这是两者的区别。局布得很好，营销自然就非常轻松，胜利只是走一下程序而已。兵法上也叫"不战而胜"。

很多人做门诊，只看到了其中的一步，迷信一两个绝招，今天挣多少，明天挣多少，没有规划，没有布局，效果好不到哪里，只能挣小钱，这不叫营销，或者叫不成功的营销。比推销的效果好不到哪里去。

培养目标感是非常重要的。如果单纯学习课程，随便找个讲营销的老师，都可以学到一些皮毛，掌握几个招数，如怎么做宣传、有哪些实用话术等，也会有点作用。但你能到达的境界是不一样的，招数有用也有限。优秀的老师不会只讲招数不讲系统的，明确的目标会带动整个营销体系，门店才会有巨大发展。这是我们共同的目标。

所以说，营销绝对不是推销，不是拉两个病号，短期提高一点门诊量，那也太俗气了。营销是门店长期的工作，这个体系搭建起来之后，我们就能轻松地赚钱，潇洒地生活。

我今年46岁了，讲课讲得气虚，身体没有那么好，不少老板年龄比我还大,我们都到了将要和职场说再见的时候了。我经常想,利用这几年的时间,我还能为社会做点贡献。希望我的经验能够留下来,为中国基层医生做一些有意义、有价值的事情,这是我发自肺腑的想法。社会上很多人年年都上当,都在东奔西走、急功近利地去推销、去成交,极力卖给别人东西。这是在透支自己的福报,透支自己的人脉,透支别人对自己的信任。东西卖得越多,信任你的人就越少,因为东西卖得越多,人际关系变得越来越萎缩。我的目标是:把东西卖给别人,还要让别人感谢我,信任我。这是营销的最高境界,任何时候,都不能做杀鸡取卵、投机取巧的事情。那样鲜花会变成毒草,良知会被狗叼走。

成功的法则是,帮助了别人,成就了自己,丰富了他人,也丰富了自己。这才叫真正的成功。今天来听课学习,不是来学秘诀的,秘诀也能挣钱,但不是真正的成功,即使挣钱再多,也不过是个暴发户而已。真正的成功不是教推销的方法,而是掌握一对多的法则,实现成功的人生。这是我至今仍在努力的意义和动力。

美国有个叫杰克·特劳特的人,他有两本著作,一本叫《定位》,另一本叫《商战》。我建议大家读一读《定位》。杰克·特劳特在美国《工业营销》杂志上发表论文,阐述同质化时代的竞争之道,并因此开创了定位理论,可以说是讲定位的鼻祖级人物。

三、影响力能当钱花

营销系统的结构、门店选址、门店命名、服务流程、商业文案、成交技巧等,都是营销体系的组成部分。一般来说,影响力越大,成交就越容易。因此,提升影响力是非常重要的一个方面。

门店影响力不强调某个医生的技术,而是强调门店的文化,强调整体价值。打造个人影响力,能让个人拥有一份不错的收入,但只有打造了门店影响力,才能让门店业绩倍增。

没有影响力的时候,人就要追着钱跑。有影响力的时候,钱就会追着人跑。辛辛苦苦去追钱,不如让钱追我们。方法就是让自己变得更优秀,提高自己的影响力。

齐老师陆续写了几本书,都是知名出版社出版的。这是提升我自己的影响力的一个措施。

2022年,河南广播电视台邀我做了两期节目,这是我粉丝多的重要原因。年轻时我参加过陈光标的私人会议,与会者都是优秀企业家,我是以讲师身份参加的。2009年,我接受筷子兄弟肖央的专访,他帮

第五章 成交

我拍了我人生第一部短片。如果你在百度搜我的名字，就会出来很多页，能搜到《我为基层门诊代言》这本书，显示作者是中国中医药促进会新中医常务委员、国家人社部注册营养师、世界500强企业资深营销专家，也是讲师。这些介绍决定了我的个人IP，决定了我的出场费。反而，讲课水平倒显得不那么重要了，重要的是我有这种影响力。

有人讲课水平和我一样，但他的收入肯定不如我高。因为网上搜不到他，一般人没听说过他，没有知名度。再比如，百度搜歌曲《爱与梦》，第一条结果出来的作者就是齐铁雄。我曾是创作型歌手，曾经有唱片公司要签约我，后来这首歌上了百度百科，在腾讯和QQ音乐都能搜到。

给大家看了我个人的IP，这是我的定位。这些是天生的吗？显然不是，齐老师本来就是做这个的，本来就是帮助别人提升影响力的，因此先把自己的影响力打造好。如果没有人教，大家是很难做好的。

要有自己的网站，有营业执照的话就做一个官网。在百度上丰富一下自己的内容，实在不懂就花点钱，找专业的人做，他们做得更好。比如，你写了一本书，却没办法出版，找不到出版社，没有人给你做编辑，这些困难可以找我。

当然，想学一门课，可以咨询我，我会客观地给大家推荐。有一句话：世界上最大的自私就是无私，我们都有自私的目的。但为了实现这个目的，必须无私地对待别人，做出无私奉献的行为。这是一个心法。无私到不计付出，无私到能感动他人。比如，我这两天很累，刚完成了几个一对一的帮扶。但仍有好多人找我帮忙：范强大夫让我给门店起个名字，他正在装修一个门店，问我这颜色行不行，上面贴什么字；有人要改头像，让我帮助参考。这些事儿，我很高兴去干。因为我乐于帮助他们，这就是最大的无私，或者说是最大的自私。

为什么这样说？因为在帮他们的时候，我们彼此之间就建立了感情，建立了紧密的连接。他们觉得齐老师好贴心啊！老师什么都会，对我的信任度就越来越高。其实，世上没有单纯的付出，表面看没收一分钱，我吃亏了，但我相信未来一定能带来大的回报。你能解决他人的困难，你才能与他人成交。有一句话是这样说的——要为别人贡献价值。能为别人贡献价值，证明你自己有价值，否则就没有什么价值。

成交失败的原因，很可能是我们没能为他人贡献价值。价值并不全体现为某一项绝活，为他人介绍人际关系，为他人提供一点解决问题的思路，等等。这些都是价值体现。能为他人贡献价值，就是在建立一种信任，信任是成交的基础。

四、成交"三部曲"

成交分三步。第一步是聊天,就像谈恋爱一样,永远有说不完的话。第二步是手拉手。第三步是谈婚论嫁,结婚生子。这都是循序渐进,一步步往前发展的。

谈恋爱,结婚,生孩子,在一块围着柴米油盐转,都应该是顺其自然的事,是水到渠成、瓜熟蒂落的。要想结果好就要做好过程,过程有长有短,但每一步都不能少,从搭讪到聊天,从聊天到拉手,到身体接触,到走到一起,这个过程就是成交的过程。大家知道如何谈恋爱,就知道怎么成交顾客。

我们经常会犯一个错误:顾客站在我们面前,我们总是十分着急,总想立刻把顾客的钱拿到手。用这种心态对待顾客,自己已经输了。因为省略了中间环节,没有建立信任关系。就像沿着梯子上房,没有踩着眼前的一个台阶,怎么可能登上最高的台阶呢。

聊天是为了建立信任。通过聊天,让顾客知道你是谁,有什么专长,凭什么能帮助他。这是信任关系建立的重要法则。

这个法则其实就是自己的定位，当顾客明白你的定位之后，就形成了对你的认知。知道你专注于某个领域，在这个领域一定有绝招，接受你的治疗方案一定会有不错的效果，逐渐开始对你产生信任。

在我们的生活中，有 90% 的事情都是不重要的，只有 10% 的事情与我们的事业有关。学习是应该的，也是必需的，但如果没有定位，没有方向，听得越多，自己的标签贴得就越乱。

我还要举兵锁的例子，兵锁最后聚焦于儿科。顾客都知道兵锁的儿科好，只要孩子生病，就到这里来，从而形成了一套完整的话术，顾客听了非常满意。比如，孩子为什么肚子硬、额头热？是因为积食了，我们治疗积食的原则，是从根本上解决问题。好比房间里发现了苍蝇，我们不单是杀苍蝇，更要研究苍蝇怎么来的，最后发现只要有垃圾，苍蝇就会来，我们的方案就是把垃圾清走，苍蝇也就不见了。这种治疗方法就是绿色疗法，不打针，不吃药，属于特色中医，效果是非常显著的。

常年研究一个问题，你的专业水平肯定会提上来，顾客对你的认知也就形成了。如果今天学一门技术，给自己贴一个标签，明天又听了一门课，又给自己贴上一个标签，标签越贴越多，别人就不知道你是干什么的了。坚持不懈地研究一个领域，你就能取得成功。

每个公司都有自己的优势，每个平台也都有自己的长项，它们也都在努力地证明自己比别人好。正确的方法就是：自始至终跟着一个人，把这人的知识学会学精。越是经营不善的时候，越要平静下来，思考一下自己的定位。该转型的转型，该升级的升级。兵锁过去什么病都治，现在专注于儿科，而且不再是一家儿科门店，更像一个儿童互动中心。顾客在这里可以随便喝水，随便使用 Wi-Fi，孩子随便在里面玩耍。兵锁的转型是非常成功的。

市场竞争越来越激烈，每家药企都在举办各种各样的营销活动，所有平台都在疯狂地举办技术培训。做疼痛的说我们可以秒杀疼痛；做耳鼻喉的说我们最专业。优势和长项似乎永远都说不完：设备更新了、技术升级了、有新专家了……我今天用的吸引顾客的模式，是2016年总结出来的东西，今天还在用，而且用得很好，完全可以解除门店经营中的困惑。

门店没有患者，不是技术不行，而是思维有问题，只关注技术，而忽略了经营。研究技术相对容易，我们已经学了十几年、几十年了，治病并不存在什么问题。但经营就不同了，经营环境每天都在发生变化，经营策略和方法也应该有所调整。

因此，研究沟通、研究成交、研究裂变，远比研究技术更重要。君不见，说错一句话，可能让你赔20万元；偶尔用错药，可能让你白干好几年。不研究这些内容，只在技术的小圈内转悠，连成交都很困难，怎么可能有大的发展呢？

五、成交类型

成交有很多种类型，我将一一介绍。

1. 乞讨式成交

乞讨就是索取、讨好、求人，这类人属于讨好型人格。就像药企的业务员一样，到了一家门店，先帮他人家搞卫生，给人家买水果，给人家当助手，努力争取与顾客成交。这就是典型的乞讨式成交。因为自己没能力，提供不了其他价值，只能采用这种方式，这也是一种无奈的选择。

2. 教训式成交

很多特别厉害的医生，与顾客沟通不讲方式，越是优秀的医生，越喜欢教训人，因为他不需要讨好人，所以他批评人，甚至敢骂人。用这种方法成交，需要一个前提条件，那就是医生特别厉害，技术特别好，品牌影响力很大。

3. 朋友式成交

如果医生沟通能力好，跟人见了几次就成了好朋友，这样的医生情商很高。如果具备这个能力，请一定要珍惜。具有了这种能力，即使专业水平一般，也容易成交。

4. 专家式成交

专家有两种能力：第一种是技术过硬，看病效果非常好；第二种是沟通过硬，能够把技术清楚地表达出来。技术加上沟通，就能成为一个教育家。这样成交就非常容易了。

聚沙成塔，积土成山，我们争取达到专家式境界就可以了。专家式境界的标准是把技术提高上去，把沟通能力提升上来，成为一个有品牌故事的名家。

品牌故事重在塑造品牌，让顾客通过故事了解你、肯定你、赞美你。在故事里你告诉顾客：我为什么学医，治病的目标是什么，我追求什么样的价值观，有什么样的情怀和梦想，未来要成为什么样的人。这些内容是品牌故事的主要内涵。我在《中国基层医生》一书中介绍的就是41位基层医生的成长故事，也是关于他们的品牌故事。

撰写品牌故事的目的之一，就是讲好自己的故事，阐述自己的价值主张，为品牌塑造且完成成交奠定基础。

成交过程要抓住两个关键点。第一个叫痛点。任何病都有让患者感到紧张的痛点，必须把每一个病的痛点一一找出来：这个病有多难受，未来的转轨是什么，然后帮他找出路，你能为他解决什么。第二个叫冲动点。人是情绪化的动物，任何行动都是非理性的，当你调动顾客的情绪后，更容易促使顾客接受你的治疗方案，这个点就叫冲动点。

六、人际关系的三种境界

在沟通过程中，重点需要经历三个阶段，每个阶段都是必不可少的，它对应着人际关系的三种境界：认识，熟悉，赞美。从理论上讲，世上没有成交不了的顾客。但实际操作中，成交其实并不容易。人们都想走捷径，想省略几个步骤，这往往会导致成交失败。

1. 第一种境界，认识

说到成交，很多人就想到了熟人，觉得熟人更容易成交。其实不然，很熟的人不一定能成交。我们都见过很多业务员，和我们很熟悉，但我们不一定会订购他们的产品。因为虽然熟悉，但如果不喜欢他们，也不会接受他们的产品。熟悉不等于认同，只有成为挚友才能认可对方的人格，接受对方的产品。

保险公司的一位业务员找了你，算是认识了，你也知道保险是防盗门，是灭火器，每个人都需要一份。人们常说"平时献出一滴水，难时拥有太平洋"。而你恰恰还没有，购买一份该多好。但最后的结果却是你没有买。原因不是拒绝保障、拒绝条款、拒绝产品，而是拒绝了业务员这个人。你们连熟悉都谈不上，更谈不上挚友了。很多销售人员都犯了一个大错误，那就是顾客刚认识你，还谈不上熟悉，你就开始向顾客推荐治疗方案。仅仅见过一面，还没有正式沟通就收费，想成交太难了。

正确的做法是：当你初识顾客的时候，不要着急讲病，先把陌生关系变成熟悉关系。比如，你问他在哪住，他说住在某小区。你问：同小区的王阿姨你认识吗？他说认识。你接着说：王阿姨经常到我这里来看病，她儿媳妇坐月子的时候老难受，我给她开的叶酸，后来就好了。人的心理就是这样的：当两人共同认识某个人的时候，关系会拉近很多，更容易找到共同话题，越聊越熟。这样，从认识到熟悉的时间就会越短。

2. 第二种境界，熟悉

身体接触能引发一种潜意识活动。潜意识的能量非常强大，就像黑客可以瞬间黑掉电脑一样，让你不知不觉跟他走了。利用这个原理，在营销过程中，大家要记住一句话：从认识到熟悉，该动手就动手。边动手边聊天："来，我给你检查检查，这地方疼不疼？这有点胀，我看看舌头，脾有点虚，我帮你扎个针，把足三里扎一下，对脾是很有帮助的……"当你用手摸对方的时候，就产生了身体接触，顾客从心里就有了熟悉的感觉。在其他行业，第一次见面就对人说"咱俩拥抱一下吧"，顾客会觉得很奇怪。但做医生的没问题，摸脉、摁脖、摸腰、摸后背，都是正常的诊断行为。大家都能理解和接受，在不知不觉中，双方的关系就拉近了。

在这个阶段，还不能报价，不说一个疗程需要多少钱，不说让他看病……什么都不说，只是检查，要有身体接触。有了身体接触后，你就能成为顾客喜欢的人，你们之间就熟悉了，这就到了赞美顾客的时候了。

3. 第三种境界，赞美

赞美别人是成本最低的拉近关系的方法。

赞美别人，请记住八个字：逢人减岁，遇物添价。

逢人减岁，就是估算别人的年龄，故意用减少的方法。你问顾客："你多大年纪啊？"女顾客让你猜，你一看对方至少 40 岁。但你一定要说 30 岁出头。"没有，我都 38 岁了，马上 40 岁了，快当奶奶了。"你继续赞美她："不像啊，你保养得挺好的，一看就是一个特别自律的女人。"这些话，女顾客都愿意听。明明知道你说的不是心里话，自己也一样爱听。这叫逢人减岁。

遇物添价。女人大多喜欢包，你可以说："这包很漂亮。"女人让你猜："猜多少钱买的？"你一看就值四五百元。但一定要说："至少两三千吧。"她会说"没那么贵，我才花了 800 元。"你要继续赞美："你真有眼光，很会买东西。"这叫遇物添价。

学会赞美顾客，让她感觉愉悦。你赞美她，她就喜欢你。你有一颗替别人着想的心，她就喜欢你。

顾客到门店来，如果你俩只是刚认识，需要先和她聊天，寒暄一下。当然，这套流程不适合三甲医院，只适合基层诊所。到基层诊所看病的都是常见病、小毛病和慢性病，最重要的是建立信任关系。先尽快熟悉起来，让顾客喜欢你、信任你。如果只是在认识的境界，你却按照熟悉的境界处理事情，当然无法成交。更谈不上后面的转介绍和裂变了。

顾客付费看病，至少要达到喜欢你的境界；帮你转介绍，至少要达到信任你的境界。有人喜欢开玩笑，玩笑不能随便开，至少要达到熟悉的境界。刚认识就开玩笑，会把顾客吓跑，再也不来了。

境界晋升是循序渐进的，这是成交的必然过程。成交的真功夫不是费劲地讲产品、讲服务，而是清楚自己的位置，到了哪个步骤，该往哪里走。

七、礼品是最好的载体

在拉近关系的方法中,送礼是不可缺少的重要手段。礼品表达的是对对方的尊敬,没有几个人能抵御礼品的诱惑,特别是不能抵御超级礼品的诱惑。学会送礼是一门学问,是日常交往中必须学会的一门学问。在这里我不再赘述,只讲讲我们这个行业的赠品设计。

我常说:让顾客无法抗拒的成交主张,应该是送给顾客一份超级赠品。超级赠品的特点是:对顾客来说很贵,对我们来说很便宜;对顾客来说很有价值,对我们来说成本很低。

比如,顾客来看病,腰椎间盘突出,花费是1980元,买一个疗程的药。可以这么对顾客说:"今天如果能缴费,我送你价值1980元的膏药,这膏药是198元一贴,送你10贴。膏药是祖传的,工艺非常复杂。"再比如,有人在你这里开了中药,你说:"我送你2瓶膏方,在同仁堂,这样的膏方卖150元一瓶,两瓶就300元。"得到这样一份超级赠品,顾客觉得在这里看病非常值。如果当时没有具体的赠品,可以告诉顾客:"下周三过来复诊,我赠送你一个偏方,再给你开个健康处方。"

此外，撰写一个手册送给顾客，也是不错的赠品。做耳鼻喉的，可以编写《鼻炎预防小手册》，做儿科的编写《儿科疾病预防手册》或者《宝妈指南》，手册的内容是诊断和治疗的常识。比如，《肛肠病指南》告诉顾客如何预防肛肠病。首先是保证大便通畅，不能过于干燥，每天坚持吃水果，可以加点零食，不要吃辛辣食物，要洗肛门，不能久坐，要经常活动。文字结合图画，把小册子做好送给顾客。这虽然不算超级赠品，但对顾客很有用。顾客不花钱得到了赠品，就像顾客买了一包烟，送他一个打火机，顾客会非常高兴的。如果送一张理疗卡，告诉顾客可以到这里做理疗，这个成本就有点高，属于超级赠品了。

还有就是零风险承诺。比如，你吃这个产品，如果没有效果，你花的钱全部退还。这就是零风险承诺。

做零风险承诺时，要把握两点。第一点是人品如何。如果感觉这个人很正常、没问题，可以采用这个方法。"欲加之罪，何患无辞"，如果这个人人品不行，什么理由他都能找到。第二点是确定这个人得的是常见病，是可以立刻看到治疗效果的那种。没有把握的病，达不到治疗效果，就是给自己挖陷阱。

运用赠品稀缺性的特点，会取得更好的营销效果。在某种程度上，稀缺性就等于珍贵性，代表着数量有限，代表着紧迫感。

你可以和顾客说：赠品不多，只有 50 瓶，送完就没有了。但永远不能说：我们实际准备了 500 瓶。比如，我开一场直播，小黄车有相关的资料，每份 980 元，我一开始是不能卖货的，那肯定卖不出去。我先讲半个小时，大家认识我了，熟悉了，再讲 10 分钟，大家开始喜欢我了，慢慢开始信任我了。这个时候人数多了。我就说：小助理，把 2980 元的课上 10 单，赠送给 10 个朋友。我就只上 10 单，瞬间就被抢光了，如果准备 500 单，我的课也就不值钱了。

要想实现成交，就必须知晓顾客的心理。人的购买欲是瞬间产生的，和顾客还没有经过认识、熟悉、喜欢阶段，信任关系还没有建立起来，即使有赠品，产品也有稀缺性，还有零风险承诺，顾客也不会购买。在我的直播里，所有过程都符合这个逻辑。从认识到熟悉，再到喜欢，再到信任到莫逆，一步步展开。我的故事，我的本事，我的绝活，我的主张，我的书，我的歌，从线上到线下，方方面面都做好了成交的准备。这个时候才开始提超级赠品：今晚下单 980 元的朋友可以和我视频，半个小时一对一地辅导。我特别解释说：如果在线下找我咨询，需要支付 5000 元，今天是干货，7 节课程，一次报名终身复听，不满意 7 天无理由全额退款。

当然，一定有退款的，一般在 1% 左右，可以忽略不计。什么样的人都会有，但一定不会是多数。最近的数据显示，退款率连 1% 都不到。

使命回答的是门店经营的意义和价值。我们为谁奋斗？我们是干什么的，从哪里来、到哪里去？什么是门店长期发展的动力？使命让门诊经营更轻松，能更好地赋能基层门诊，服务百姓健康。我们的生命因众人而精彩，活着就是为了帮助别人。这是我们的使命。

第六章 5S管理

□一个店再大也是小，多个店再小也是大。
□扔的越多，得到的越多。
□没有抄袭，哪来超越？
□节俭彰显品质，舍弃代表智慧。
□一年不用的东西，全是没用的东西；
　一年不联系的人，大多是没价值的人。
□一张旧门票，登不上新客船；
　一个旧观念，赶不上新时代。

学习门店营销，目的是实现规范化管理，从而扩大经营规模。一个店再大也是小，多个店再小也是大，营销的目的是让市场裂变，组好标准店，然后去复制。让门店数量急速倍增，是建立门店商业帝国的必由之路。

门店营销是关于如何正规化、如何扩张、如何挣钱的学问。

本章讲述门店管理。我们先弄清管理与营销的不同。管理是营销的基础，目的是提高经济效益，管理基础不扎实，营销计划就是水中月、镜中花。营销的目的是创造经济效益，本章阐述的管理，主要是针对门店的管理，是经过大量实践总结出来的，且被证明是科学可行的。

本章主要讲5S管理。

第六章 5S 管理

一、5S 管理的前世今生

大家思考一下，看自己的门店是否存在以下现象。

门诊顾客不少，但没有优质顾客。

刚采购来的物品，用时却找不到了。

明天就要用了，今天才发现还缺好多东西。

物品乱堆乱放，用的时候怎么也找不到。

诊台上很多私人用品，问是谁的，都说不知道。

……

以上现象多半发生在顾客盈门、生意红火的时候，如果没有好的管理，医生往往会手忙脚乱、不知所措。处理不好这个问题，各种想不到的问题就会出现，大大降低了门店的工作效率。

我们手忙脚乱，会给顾客带来不好的体验。顾客一进门，看到的是一片乱象，听到的全是噪声。想象一下：门店里挂着很多药企的广告，里面声音嘈杂。广告可以挂，但怎么挂需要认真分析。假如门店只有80平方米，广告海报就占了30多平方米，这显得有点乱。我见过一家门店，药企都倒闭了，它还挂着人家的广告呢。那广告纸张已经发黄，边角都破损了。挂广告也有学问，要让人看起来美观漂亮，与门店氛围融为一体。

仔细想想，自己的门店是否还存在以下管理问题。

操作流程不畅通，物品随处乱放，工具四处乱扔，杂物胡乱堆放，设备保养不善，员工频繁走动，气氛比较紧张……

所有这些现象，其实都是管理不善导致的。优秀企业一定有一个好的管理模式。

门店通常都采用5S管理法。5S最早起源于日本，后来在5S管理基础上，又发展到了6S，增加了有关安全的内容，再后来又发展到7S管理。

5S分别是整理（Seiri）、整顿（Seiton）、清扫（Seiso）、清洁（Seiketsu）、素养（Shitsuke），7S加上了安全和节约两项内容，是根据企业需求加上去的。严格来说，后两项只是前几项观念的延续，不属于具体的操作，所以我们主要讲5S。

之所以叫5S，是因为每个日语单词第一个字母都是S，所以简称5S。下面针对门店管理活动分别阐述5S的具体内容。

1. 整理

我们把工作场所的物品分为有必要和没必要两种，有必要的是还有用，没必要的是基本没用了。整理的方法就是把有必要的留下来，把没必要的扔掉。以便于腾出更多空间，也防止误用，营造清爽干净的工作环境。这项工作叫整理。

那么，什么东西该要，什么东西不该要，要给出一个清晰的判断，在准确判断的基础上才能"出手"。"该出手时就出手"，没有断舍离，就没有整洁干净的空间。

2. 整顿

把留下来的物品按照规定位置整齐摆放，然后加以标识，让各种物品一目了然，减少寻找物品的时间，创造整齐的工作环境。这项工作叫整顿。

3. 清扫

清扫就是打扫，古代就有"黎明即起，洒扫庭除"的好习惯，这与5S管理理念不谋而合。具体做法是，把门店内看得见的与看不见的地方清扫干净，保持工作场所干净、亮丽、宽敞、宜人。目的是使环境整洁明亮，并减少可能出现的身体伤害。

具体工作是清除垃圾，美化环境。房间干净了，人的心情也就好了。不管是医生还是患者，还是其他人，好心情都有利于身心健康。

中国有句古话：财神也喜欢干净的地方。脏、乱、差的环境，连财神爷都不光临，怎么能挣到钱呢。如果最近财运差，不干别的，就在家里搞卫生，把门店里里外外、上上下下，都彻底清扫一遍，再播放悠扬的音乐。试想一下：如果顾客走进门店，看见灯不亮、光线昏暗，满地垃圾，心里会怎么想？

4. 清洁

将前面的3个"S"落实以后，让上述行为形成一种习惯，并固化为一种制度，让环境始终处于美观状态。目的是营造明亮的现场，维持之前3个"S"的成果。这是标准化管理的基础。

5. 素养

落实了前面的4个"S"后，每位成员都逐渐养成了良好的工作习惯，并按照这个习惯做事，从而培养员工积极主动的精神，营造万众一心的团结态势。

二、5S 管理的具体操作

整理物品，先设定要与不要的标准：留下还需要的东西，扔掉不需要的东西。

比如，房间里有四个物品：一个一年到头都不用；一个偶尔用一用；一个正常用，不多也不少；一个天天用，一天都离不了。这是根据使用频率来划分的。

对于一年到头都不用的东西，最好是做入库处理，或者干脆扔掉。一年到头都没用过，说明它没什么使用价值。你的一个朋友，一年都不联系一次，有一天突然给你电话，这人多半是有求于你，背后可能有不为人知的目的。以此类比：全年不用的东西，全是没用的东西；全年不联系的人，就是没价值的人。

再比如，你的衣柜里有 100 件衣服，但平时穿的只有 10 件，余下的都在柜子里睡觉。放了一年都不穿，说明你已经不喜欢它了。要不是审美观念变了，要不就是过时了，再或者就是体型变了。那些常年在柜子里睡觉的衣服，尽量早点请出去。一件昂贵的品牌衣服，穿出去感觉就很自信，那就保留下来。

古代人讲究风水，说家里不要放腐烂的东西。门店也一样，过期的药品、坏掉的设备、破烂的广告彩页，都应该早点处理，包括淘汰的技术，也都在消耗你的能量。因为这些东西会分散顾客的注意力，影响他们的正常审美。顾客注意了这些东西，就忽略了你要他们注意的东西，破坏了他们心中的美感。

如果把一年当成时间标准，那超过一年不用的东西，就要快速处理掉。

你用的血压计，已经老掉牙了，乡村卫生室都不用了，你所在的二线城市还在用，顾客怎么看？我们升级设备、升级技术、升级疗法，是为了提升形象，这些设备影响了门店的形象。因此，别忘了形象的升级，这比什么都重要。

形象升级最基础的工作，就是把一年都没用过的东西入库。我之所以强调这一点，是因为我们有个传统观念：什么东西都舍不得扔。这个大家都能理解，传统的中国人都很节俭，舍不得花钱。如今，自主创业的人很多，创业初期很难，没有资金，看到什么值钱的东西都舍不得扔。但我还是要郑重地告诉大家：时代变了，社会已经完全商业化了，小农思维已经过时了，为了门店发展，必须改变传统的思维方式和行为习惯，一张昨天的船票，登不上今天的客船，该扔掉的就要坚决扔掉。

舍不得扔的原因，大都是想着以后还会用到，因此总是把它放在不碍事的地方，等用时再翻出来。这样东屋倒到西屋，南屋倒到北屋，倒来倒去，还是没有处理掉。在这方面兵锁儿科做得相当好，门店里没有任何多余的东西，非常简洁、干净。大家都去过苹果手机体验店，窗明几净、宽敞亮堂。星巴克、肯德基、麦当劳、瑞幸咖啡等都是如此，它们都引进了5S管理。

所以，我们要立即行动：开展一次轰轰烈烈的"断舍离"运动。

对一两年不用的东西，采取如下处理方法。

一年没用过的物品，入库！

两年没穿过的衣服，扔掉！

两年没用过的设备，搬走！

两年没卖过的药品，扔掉！

对一两年偶尔用的物品，采取如下方法。

平均两个月到一年使用一次的，入库！

两个月到一年用一次，入库再分类，放到固定的地方。

一个月到两月使用一次以上的，放在公共场所。

频繁使用的，如一周多次，每小时都用的，放到工作区域。如诊室桌椅旁、边柜等随手可取的地方。

这里给大家一个建议：常用物品一定要买最贵的。拿讲课常用的话筒来说，最贵的不会掉线、不会跳屏，音质还特别好。最好的电脑网速快，不卡顿。这些设备还有品牌塑造的功能，能彰显出个人的实力。

最近有个行业特别火爆，这个行业叫收纳。依托的就是断舍离理论。他们的工作内容就是帮助我们整理。比如，把袜子叠好，放到盒子里，用时能快速找到。据统计，人一生 30% 的时间浪费在找东西上，这是巨大的浪费。我们都有过这种经历：出门后才发现衣服颜色搭配不对，一个冷色一个暖色，一个欧式一个中式。收纳师就研究这些东西，他们能把家里面打扫得非常干净。我曾请了一个收纳师团队，花了 1.2 万元，他们帮我收拾了整整三天，做完后我感觉心情特别愉悦。他们把所有物品收纳得整整齐齐，冬天的被子、服装叠好后，放到格子里边，再用真空器具抽干净空气。我走在自己的家中，就像逛商场一样。

我们做门店管理，首先要管好环境，好环境不仅看着舒服，还能调动员工情绪，改变他们的工作态度。在杂乱无章的环境里，人很难酝酿出好的创意。人们为什么愿意去教堂和寺院，就是因为进去后心情特好，心情一下子就平静下来了。因为那里永远是干干净净的，经书、物品摆放有序，所有人都和颜悦色，到处都是和谐宁静的气氛。

所以，从今天起，大家一定要重视起来。把门店里过期的药品扔掉，没用的广告牌扯下来，所有没用的物品都通通扔掉。人要有长远目光，别只盯着眼前，觉得这也有用，那也有用，其实都没用。门店将来做大做强了，这些东西就是垃圾，垃圾有什么用呢？

其实，该扔掉的不只是物品，还有头脑里的旧观念、旧思想、旧认知。扔掉旧的，换上新观念、新思想、新认知。旧的不离开，新的不会来。这是断舍离给我们的启示。

..○ 市场裂变 ○..

三、颜色与光线

  我讲颜色的搭配，不单指穿衣，用到门店也是一样的。自然界有很多种颜色，但门店颜色最多不宜超过三种。不能见什么好看就用。具体用什么颜色，要依据门店整体风格而定。是欧式还是中式，是华丽还是简约，是田园风还是宇宙风，确定风格后再确定颜色。颜色不是越多越好，而是尽量少些，设计一定要简单、简洁。我推荐黑、白、灰三种颜色，它们属中性色系，比较适合我们这个行业，中性色系沉稳端庄、深沉大气。

  有人喜欢全白，觉得与健康医疗比较匹配，我不建议这样装修。色彩是有生命的，多姿多彩是生命本色，单一颜色显得枯燥乏味，也违背我们民族传统的审美观。想象一下，有一天我们一觉醒来，发现这个世界是白色的：地面是白色的，车是白色的，衣服是白色的，谁能受得了？不光白色，全换成红色也不行。红色象征喜庆，是最吉祥的颜色，如果满世界都是大红色，我们能受得了吗？

  每种颜色都有一定寓意。黑色代表压力和恐惧，经常穿黑色衣服的人，运气可能会比较差。设计门店的颜色一定要多角度考虑问题。

装修风格与门店收费也有密切关系。装修像如家快捷酒店，却想收到像希尔顿酒店那样的费用；装修风格像沙县小吃，却想收到像全聚德总店那样的费用。这可能吗？

先有效果图作为参考，然后进行设计。效果图可以从专业团队处购买，价格并不高，比如 100 块钱一平方米，网上都有，也可以参考其他门店。资金充裕的话，可聘请优秀设计师，设计好后还要不断修改，直到满意为止。

我们去逛商场，会发现一楼大多是卖化妆品的，香水、口红、彩妆、唇彩、遮瑕笔、睫毛膏等，都是女士用品，价格特别贵。价格贵不是成本高，而是灯光效果好，人感觉特别舒服，即使贵也愿意购买。这就启示我们，氛围是靠灯光打出来的。营销心理学告诉我们：人在光线明亮的地方更容易产生购买欲。周围黑灯瞎火的，哪有心情掏钱买东西？还有，金银珠宝放在柜台上，一定是灯光照耀，闪闪发光，才更容易刺激人的购买欲。

开门店也一样，顾客进去，看到的是难看的图形和颜色，闻到的是刺鼻的气味儿，听到的是嘈杂的声音，他的就诊意愿就不高。有人说顾客是来看病的，不是来享受的，哪那么多事呢。我告诉你：越是有品位的顾客，越挑剔就诊环境，想做大做强，就不能忽略这个问题。如果你就想守着这个小店，不想再发展了，那就没必要学习了。

为什么有品位的人更看重这一点？因为成功人士大多见过大世面，习惯了高品位的环境，就无法忍受脏乱差的氛围了。那些高端顾客看到灯光不明亮、装修不高档，你说自己技术有多好，人家也不相信。一边在这里治疗，一边想着早点离开。这样怎么能留住顾客呢。

5S 具体有六大功能：第一，让顾客感觉舒服，能留下深刻印象；

第二，可以节约成本，提升物品的利用率；第三，缩短交易期，节约寻找物品的时间；第四，增加工作场所的安全系数，保证人员的身心健康；第五，为建立标准化管理模式奠定基础；第六，提升士气，提升信心。

门店有大有小，太小的比如夫妻店，可能用不上这套体系。但门店发展到一定规模，有了一些员工，就要毫不犹豫地推动标准化管理。

逐渐走向正轨，可以从容易实施的晨会开始。门店做出规定：每天上班后第一件事就是开晨会，班组长主持，分享一下昨天的收获以及存在的问题，并提出改正的方法。发言要简约概括，如昨天有三个收获，第一，顾客来扎针，我一针扎准了，技术明显提高了；第二，听了老师的管理课程，我收获甚丰，也改进了不少；第三，用完东西都统一放回原处，这一点昨天做到了，以后我会把它变成习惯。讲完收获，再讲不足：昨天厕所打扫得不够干净，以后要加强管理。除了总结和检讨之外，晨会还能起到凝聚人心的作用。如果不经常开会，员工一点归属感也没有，更别说塑造团队精神了。

晨会之后，所有人进入工作状态。打开电脑，播放音乐，卫生是头天做好的，但今天还要简单做一下。这样门店一天都是干净的，气氛也是轻松愉快的。下班前再开个晚会，互相问候一下。哪怕很简单也可以，形成标准化流程后，就不需要单独通知了。

四、灵活应用 5S

5S 是基础理论，应用时需要根据实际情况而定。有些物品的外包装，不能用了就扔，而要堆成一堆。比如，贴敷或直肠给药的外包装，就不能全部扔掉，店里要多放一点，晚上再收集起来处理。这是营销策略的需要。假如顾客来门店就诊，看到这里干干净净的，心里会想：天呐，这诊所一个顾客都没有，医生的技术估计不行，我是不是当小白鼠了？管理的标准是干净整洁，但整洁不代表冷清。可以收拾得干净整洁，但不能让店里冷冷清清。

还有，门店需要准备一些金句，做成牌匾或条幅挂出来，作用是为顾客做科普，让顾客看一眼就知道病是怎么得的，能不能治好。顾客看过后才知道，生病是身体在提醒自己生活方式错了，从而更好地配合医生的治疗。

实施标准化管理要准备一个清单。上面标注物品名字、存放地点以及处理方式，是入库还是卖掉，或是其他……评审人要签字。不然大家一上班，发现什么东西都没有了。评审者应是门店创始人，是最后签字的人，签字后的文件要及时存档，便于以后查阅。

物归原处是管理的要求，也是我们日常生活的要求。优秀理念就来源于生活经验，它的好处是缩短了作业时间。你看，上海人口密度大，三室一厅的房子也只有几十平方米，他们利用空间的能力到了极致地步。五星酒店一个总统套房也才100平方米，但感觉像200平方米一样。因为空间利用得好，说明视觉效果十分重要。门店空间利用得好，也能产生这样的视觉效果，在这方面大家要多下功夫。

很多人重视技术，犯了技术综合征，但我们需要明白，收多少费用与技术关系不是很大。直白一点说，就是没多大关系。五星级酒店煮的面条也是面条，小摊上煮的面条也是面条，小摊上卖8元，五星级酒店卖80元。是小摊上煮的面很难吃吗？

例如，一瓶矿泉水在超市卖1.5元，在酒吧卖20元，在私人会所卖30元。水的质量是一样的，品牌也是一样的，为什么价格相差这么多？医疗技术是一模一样的，为什么诊所收费不能太高？因为门店的环境不值，你的环境只配这个标准。不改变环境，即使把技术提上去，提高收费，消费者也不买账。以后装修，请不要考虑要花多少钱，而要考虑装完后能赚多少钱。在这方面大家要多动脑筋。

物品的放置方法非常重要。共用物品应该放到门店中间，方便大家使用。平时尽量使用架子，能充分利用空间，而且容易找到。架子上面要标出类别，有同质感的放在一起，如布质的放一起，木质的放一起。同类物品集中放置，长条物品采用横放方式，或者立起来裹紧架子。柜子内部也要有明显标识，便于区分不同物品。不同物品要分开定位，常用物品要方便大家取放，就是无须走路，不用蹲下，也不用踮脚，闭着眼就能拿到，如饮用水，就要放在容易看见、容易拿到的地方，手一伸就能拿到。

全格是根据物品外形把它圈起来，不能随便挪动地方。比如，前台上放着一盆花，有人心血来潮，觉得放在这里不合适就搬走，这是不可以的。物品定位了就不能随便动，因为东西都有自己的特点，定位在哪里是设计出来的。

为了美观，房间里一定要放些圆叶子植物，这些植物大都有吉祥之意，如发财树和金钱树。另外，草本和木本植物也要分开，最好摆放一些好养的，有吉祥含义的，要放在容易被人看到的地方。如金钱树，就应该放在门店两侧。

有人喜欢特殊造型的灯具，但门店灯具不能选择造型特殊的，人一看太扎眼，不舒服。

有的物品是四角的，四个角都是直角，这样的物品需要做个标识，明确物品的关键角落，这种处理方法就叫直角法。

隐晦就是根据物品外形，用美观的东西把其全部遮起来。比如，有个消防门，既不能去掉，也不能放东西。这时就应采用隐晦法。根据它的外观，用宣传画或其他图片遮挡起来，这样就能一举两得了。

五、门店标识

标识也是5S管理的一部分,设置标识要注意视觉效果。标识分为以下三种。

1. 场所标识

比如,治疗室、咨询室是医生休息的地方,这里的标识颜色和基本色要一样,若基本色是黑色,标识也用黑色。

2. 物品标识

物品标识包括名称、规格、数量、日期、人的标识、姓名、部门编号。人们见面要打招呼,平时要交流,如果不知道对方的名字,或者不知道其工作岗位,交流起来就不方便。为了解决这个问题,世界500强企业员工的衣服上都戴着胸牌,上面写有部门、姓名、职务等,非常清楚。外表看起来也很正规,与人家相比,我们就有点不正规了,应该向人家看齐。

3. 质量标识

有很多物品,消毒的、没消毒的、清洗的、没清洗的,在操作台旁边都要标注清楚，这样用起来更方便，看起来也一目了然。

上面介绍了很多做法，具体到某个门店，需要具体情况具体处理。我推荐一个好方法：找一个样板复制，然后向它学习，管理学上称为对标管理。好处是既省事又省钱，效果相当好。当然，不能照搬照抄，可以根据自己的情况稍做修订。

..○市场裂变○..

六、表单、凳子和服务

　　表单是一种管理工具，优秀的管理者都喜欢使用。表单上标注了区域、负责人、质量标准，这些都能体现得清清楚楚。管理不能有空白，也不能有重叠，有空白就会有事没人做，有重叠就会有纠纷。有了表单，就能做到职责分明，出了问题知道由谁来责任。表单要贴到门诊明显处，发现问题就要研究修订。新员工入职第一天，就要按照表单进行培训，培训后要求员工签字，并承诺按照这个标准执行，使其能更快地进入工作状态。等出了问题再去培训，虽然是亡羊补牢，但损失已经发生，不可挽回了。

　　表单内容主要包括区域和负责人。表单贴到工作区，顾客不容易看到，但工作人员可以看到。当然，顾客看到也没问题，这毕竟彰显了管理的正规性。如果门诊不大，就贴在店内大厅，上面有员工照片、门店文化等。表单可以维持工作场所的美观，也能提高门店整体形象，调动员工的工作积极性。

　　门店里的凳子也是有学问的。大家看沙县小吃店里的凳子，和星巴克咖啡店里的凳子不一样，星巴克的凳子更舒服，因为咖啡厅是消磨时光的。快餐店换上这样的凳子，顾客来了就不走了，花 20 元钱在这里坐两个小时，快餐店要赔死了。快餐店的凳子让人坐着不舒服，就想让你吃完饭赶紧走。这一点告诉我们：想留住顾客，就放一些舒服的凳子；想让顾客尽快走，就放一些不舒服的凳子。

大家都知道海底捞的服务特别好。海底捞为员工租了房子，雇了保姆，员工不用叠被子，不用刷碗，不用打扫卫生，保姆都替他们做了。老板说，只有让服务员体会了被服务的感觉，他们才能把顾客服务好。我建议大家到服务好的企业参观一下，参观后才知道自己与人家的差距有多大，才知道"人外有人，天外有天"的道理。特别是高档会所，他们的做法能给我们很多帮助。

优雅整洁的环境、细致入微的服务，加上过硬的专业技术、良好的沟通技巧，门店想不盈利都难，想失败也很难。

七、提升素养

素养就是养成好习惯：遵守规则，积极主动，尽职尽责，持续不断地推动前面的4个"S"。在习惯基础上形成制度，便于大家共同执行。没有规矩不成方圆，制度就是大家共同遵守的规矩。

遵守规矩能提高工作效率。当然，落实标准化管理是一件系统工程，并不是一蹴而就的。最重要的是带头人的示范作用，最好的教育不是用嘴，而是用无言的行动。

不走动，不跑跳。我们看到一些有素质的人，干什么都慢条斯理的，非常稳重，没见过他们急急忙忙的样子。有些小饭店则不然，服务员经常跑来跑去，这说明没有标准化管理，出现什么事情就处理什么事情，没有任何规划。

医生的前面是诊桌，后面是招牌墙。招牌墙上不要挂字，最好挂门诊标识和产品商标；或是顾客见证；或是放一个盘古柜，就是带格子的柜子，放上荣誉证书；或者是华佗、张仲景和李时珍等名医的塑像；还可以放些古医书，特别是线装古书，更有古代中医味道。不能越过顾客去洗手间，不要随便站起来拿东西。最好的境界是太多的顾客把医生围了起来，争着找医生看病，这实际上是一个无形的场。这时医生的凳子要高一点，顾客坐得要低一点。顾客的凳子高，医生的凳子低，不仅不舒服，而且缺乏威严，不能从气势上压倒顾客。医生看病切记不能来回走动。医生每走动一次，顾客的心就乱一次，气场就会被破坏，这需要提前做好准备。如果没有制度和流程，物品没有事前准备好，看病时一定会缺某些物品，这时起身去找东西就太被动了。

护士的素质十分重要。医生看病，护士需要提前做好准备，如准备好口罩、纱布、防护服、消毒液和医用手套。物品不能乱放，会给人杂乱的感觉。护士工作时不能闲谈，这是顾客最不喜欢的。设想一下：大夫一边扎针，一边和护士聊天。顾客听了一定非常反感，顾客购买了你的时间，这时间就只能属于顾客。

有一次我去理发，理发师不跟我聊，偏和隔壁的人聊，聊来聊去聊得我心烦。我说："你先别理发了。"他愣住了。"你俩先说，聊完再给我理。"最后他不好意思了。我便教育他："我花钱购买你的时间，你得跟我聊，你不问我适合什么发型，怎么理才能好看，却和旁边的人闲聊天。我接受不了。"

只有做好清扫、清洁，门店才能够干净整洁，且安全系数得到提高，浪费现象自然会减少，各项管理指标都会得到优化。

学习标准化管理，不仅能提升门店的管理水平，还能让个人养成良好习惯，提升个人的整体素质。比如，手指永远干净整洁，不乱扔东西，物归原处，保持环境幽雅整洁。这是标准化管理带给个人的意外收获。

标准化管理能够减少浪费，减少找东西的时间，也是一种安全保障，并且创造了一个宽敞明亮、视野开阔的工作环境。这样的门店往往为顾客所喜爱，让顾客有信心下单。我们要下定决心，从今天开始整理东西，把没用的统统扔掉，包括常年不用的、过期的、影响环境的。这样，无论医生和顾客，都会有个好心情。断舍离扔掉的不仅是东西，还扔掉了没必要的心理负担，这样的人生才有意义。

第七章 服务

- 地低成海，人低成王。
- 谦卑可受教，弯腰能起跳。
- 定人心者定江山，得服务者得天下。
- 鲜花会瞬间凋谢，但仪式会永留心中。
- 有的钱可以不赚，有的病人可以不接。

技术重要，但技术的作用是有限的，不起决定作用。日本管理大师稻盛和夫就谈到过技术在企业发展中的作用，他认为走技术之路是不能持续的，不是正确的选择。因为技术在一段时间内有天花板，而服务才是企业永恒发展的要素。

顾客转介绍是营销裂变的前提，但让顾客转介绍并非一件容易的事情，它是多种元素综合作用的结果。其中，服务是非常重要的。有统计显示：开发一个新顾客的成本，是维护一个老顾客成本的六倍。但很多人重视新顾客的开发，却忽视了老顾客的维护。

本章主要介绍服务在转介绍中的作用。

一、回访制度

管理规范的门店都有回访制度,它是服务体系的一部分。但仍有很多门店,顾客离开后没有回访,不给顾客打电话,甚至有人担心顾客给自己打电话。正确的做法就是,主动联系顾客,按照时间节点给顾客打回访电话。

回访电话是一种服务形式,是促使顾客转介绍的好方法。顾客转介绍首先看疗效,其次看是否得到了尊重,就是你是否关心顾客。而回访电话正好体现了这一点。

回访电话不是想起来就打,是需要看时间的。一般情况下,早上是不能打的,这时顾客要不正吃饭,要不早饭后正安排一天的事情,不管你说什么都不能专心听。回访电话最好由助手来打,同时准备一套话术。遇到疗效好的顾客,就请求他帮忙转介绍。对于现病史的顾客,让他知道有一种技术或者药品可以治疗这种病,不管这个病人后面来不来诊所。有句话非常关键,是回访的重要内容,目的是让顾客知道这件事,那就是"我们能治这个病,我们购置了新设备,学会了一套新技术，增加了一款产品，这些设备、技术和产品，疗效相当不错"。

回访有以下九个时间节点。

1. 当日回访

回访有时间节点，正确选择时间点，回访效果就更好。一般情况下，不管什么病，不管多么严重，只要顾客看过，离开后就一定要打个回访电话："你回去服药后，现在感觉怎么样。"这是当日回访，当日回访有个要点，那就是告诉患者饮食禁忌："你最近不能吃凉的，不能吃油腻和生冷的，这些食物会刺激胃。""这药是饭后吃，饭前的胃比较虚，吃完之后会胃疼。"当日回访电话的内容，既要交代注意事项，又要督促按时吃药，同时给顾客信心，还要关心他，表示出对他的关爱。不要觉得麻烦，不要认为是可有可无的，一定要养成打回访电话的好习惯。

2. 第二天回访

第二天也要打回访电话，这个电话由护士来打。医生和护士身份不同，打回访电话的内容就不一样，能起到互相补充的作用。护士可以这样说："我们王医生特别关心您，特别交代我，让我关照您一下，看看您现在的情况。"这里有个技巧，护士打电话，一定要把医生抬起来，说一些医生不方便说的话，如问患者身体恢复得怎么样了。因为这话医生问，患者可能不全说实话。若患者这时还有点不舒服，他就不好意思跟大夫说，但他好意思和护士说。所以，护士比医生更适合打这个电话。

3. 一周回访

病人接受治疗有一周时间了，治疗已经有结果了，这时可以电话回访一下。此时最适合打电话的人就是客服人员。如果门店比较大，一般会有专门的客服岗，没有可以招聘一个。

一周回访还有一个内容,那就是做满意度调查。"你觉得我们的技术怎么样?你觉得我们的接诊能力如何?你对门店环境有什么建议?"顾客回答的话,一定要全部记下来,既然顾客说了这些话,说明顾客对我们还是信赖的,还是有期待的。我们要坦荡地接受批评。有的医生不敢回访顾客,担心顾客不满意,这是没必要的。还有一种心态是不能要的:好不容易来了个顾客,医生千方百计想要赚到他的钱,这其实是一种短视行为。门店虽小,也要努力做成百年企业,不能当成养家糊口的方式。门店开业伊始,就要做个十年规划,不管对企业还是对政府来说,做规划都是很好的管理方法。十年规划的内容有很多,如门店规模、员工人数、营业收入、行业排名、门店知名度、美誉度和患者忠诚度等。有了这种长期思想,自然就没有了短期割韭菜的投机行为。一周回访有多重要,现在大家都知道了吧。

4. 一月回访

一月回访的规则是:客服问满意度,护士问疗效。客服最好不是护士,护士关心患者健康,客服强调热情接待,两者的胜任力不完全一致。

我在杭州接触过一家门店,他们的前台原先是酒店经理,服务就相当到位。我们也可以这样考虑:如果做儿科,就招聘一个幼儿园阿姨;如果做全科,建议找个酒店前台,或星级酒店领班,这类人服务意识超强,工作积极主动,端茶倒水,嘘寒问暖,哪怕小细节也能照顾到。服务是利润的重要来源,你要想做大门店,就要在这方面敢于花钱,敢于投入,花出去的钱是投资,投资是有丰厚回报的。大家听课、读书、学习,花出去的学费也都是投资,何况优秀人才创造的价值是无法估量的。

不打回访电话的后果是什么?可以想象,顾客看完病回家了,有人吃完药就吐了，感觉没效果或者认为医生水平不高，就不再坚持用药了。如果五天后打第一个电话，问人家病是否好了一点，人家一定这样回答："我去你那看病，回来后就没坚持用药。"可见，如果第一天接不到电话，第二天还没接到，第三天、第四天仍然没有，顾客就跑了。我的建议是，第一个回访电话不能超过48小时，超过这个时间，人心就凉了。

传播学上有个实验，人们看广告，只有看到第21遍时才起作用，之前的20遍只是铺垫。我们每天洗澡，是因为每天都有灰尘；我们每天给顾客灌输，是因为顾客的内心世界也有灰尘。只有不间断地灌输，才能改变他们的思想。所以，打客服电话，既表示关心，又叮嘱注意事项，让患者积极配合治疗，是一举多得的好事。

回访制度是服务的保障，我把这些理念整理了一下，希望大家能够记住。

我们一直在想如何提高门诊量，却从来不想怎么为顾客做好服务；我们一直想怎么赚钱，却很少想怎么让别人满意。

服务定江山。有没有人愿意跟随你，有没有顾客愿意来复诊，有没有患者为你转介绍，都与你的服务水平有密切关系。顾客看完病，不是服务的结束，而是服务的开始。

我们治病，不能只诊断开药，这只是做了前半部分，后半部分一点没有做。针扎了，药开了，有人以为就结束了。殊不知，顾客或家属过两天又找上门来，说没有疗效。那说明，前半部分都白做了。可不是，治病没治好就是白做。医生这个职业需要细心认真，应该比其他职业更有服务意识。可惜的是，很多人都缺乏这一点。

当日回访、次日回访、一周回访、一月回访，这是回访的时间节点。按时回访，坚持不懈，收获一定是丰厚的。

5. 节日回访

与普通日子相比，节日就像一个大"花结"。人们在节日里互相问候，为心爱的人送上吉祥的祝福。作为健康守护神的医生，不可错过这个联络感情的机会。节日里，门店都要给所有顾客发送一个祝福短信，且要以医生的名义发送。一定要用医生工作手机或者以医生名义来发。我特别强调一下：如果图省事而群发短信，那还不如不发。道理估计大家都明白，顾客看短信，发现都没有自己的名字，内容也是千篇一律，就知道你心中没有他。有谁会回这样的群发信息呢？

你对别人不尊重，别人也不把你放在心上。如果发信息的话，建议先写上顾客的名字，如王某某、张先生、李小姐，然后是内容：今天是六一儿童节，祝您的孩子健康活泼，金榜题名。如果了解顾客更多的家庭情况，可以结合家庭情况，内容就更加丰富，更能感动顾客。内容编写完以后，后边要写上门店或你的名字，如"您的健康顾问祝您健康"。千万不要写上"欢迎再来""欢迎光临""我等着你"等，这都是行业禁忌语。如果你发现同行有非常好的问候语，可以采用"拿来主义"，把它修改一下，变成适合自己门店的问候语。

对于初诊没成交的顾客，也可以打回访电话，要对顾客的满意度进行调查。初诊时没在这儿看病，但把脉了，量血压了，看了鼻腔结构了，只是最终没成交。客服打电话的目的，是想知道没成交的原因。是医疗环境不行，是仪器设施不够先进，是工作人员服务态度不好，是接诊医生没讲明白，还是有什么其他顾虑。客服可以这么说："王大姐，为了让门店服务更满意，我们做个调查，耽误您一分钟时间。我们会送您一个小礼物。接听电话后，请您到我们店做个免费理疗，我给您登记上了。"人大多有贪图便宜的心理，这是吸引顾客的方法，也创造了一个成交的机会。

6. 日常问候

只要留点心，任何时候都能找到问候顾客的理由。比如，天气凉了，天气热了，到雨季了，下雪了，等等。这些是天气变化，你可以提醒你的顾客："这个季节要常备一些藿香正气，经常喝点绿豆汤，千万不要中暑。""冬吃萝卜夏吃姜，我们的五脏六腑是寒的，所以我们的外表是冷的，里边是热的，这个季节千万不要吃冰冷的食物，这会让我们的身体更加虚弱。"这样的信息，体现了对顾客的关心，最好是由客服来发，医生发也可以，护士也可以发。

如果是小门店，那么老板既是大夫又是护士，既是前台又是客服，还是会计和出纳。我希望大家发展都快一点，将来都把人配齐全。只要有可能，一定先招个好前台，前台工作量大，一会儿介绍大夫，一会儿介绍门店，一会儿接待客人，还要安排复诊、候诊和分诊，任务比较重。客服需要了解病号的基本情况，需要知道把病号带到哪里。最重要的是，要把顾客的交通工具、经济实力、气质性格等，静悄悄地告诉大夫，让大夫接诊时更有针对性，提高成交的概率。

7. 潜在顾客回访

顾客有心就诊，却没有成交的表示，这类顾客就是潜在顾客，其需求还没显现出来，这种需求是隐性的。比如，身上长了个瘤子，治疗需求是显性的，想做个手术；或者身体肥胖，内脂很高，胆固醇也高，需要吃中药或吃保健品，这是显性的；还有一种胖是内脂高，是血管里脂肪太多了，这种情况非常麻烦，但患者不知道，这也是隐性的。还有人腺样体肥大，有人鼻腔内部有问题，这些问题从外表看不到，都属于潜在的病，这类病人治疗的迫切性各不相同，因为没有成交，所以都是潜在的顾客。

疾病的初级阶段，人还不觉得严重，如颈椎病，开始有点背疼，后来疼痛严重了，这是因为平时坐姿不正确，经常探头、驼背、脊柱侧弯，严重时会引发强直性脊椎炎。但目前顾客还没发病，不着急治病，就要将其要作为开发对象。我们这时要做好诊断，把治疗方案设计出来，找准时间以短信形式通知顾客。可以这么说："上次我给你摸脉时，你说你血压高，我拿了降压药给你，但那天我摸脉，发现你还有点腰疼，身上有很多脂肪瘤，这是多发性脂肪瘤，你要注意，如果越长越大，就要有做手术的心理准备。现在虽然是在皮下，但如果长期不管，还是容易出问题的。我希望你吃点中药控制一下。"

8. 活动回访

初诊没有成交的顾客，应该继续保持联系。当然，要找个合适的联系理由。比如，明天我们一周年店庆活动，今天做一个回访，同时送您一个免费的肛肠检查，或者是鼻腔检查。这不仅表达了关心，还抛出了一个福利，不少顾客会怦然心动的。

9. 年度回访

人们心中，一年是一个重要时间节点。做事满一年，就设计一个回访，邀请顾客回来看看，活动做得隆重一点，以展示门店的热情。邀请时先询问顾客一年来的身体情况，再送个不小的福利。"为了更好地服务顾客，我们门店升级了仪器设备，欢迎您过来做个免费复查。"顾客来门店后，送他们一些如电子日历等的小礼品，加深一下感情。

回访中，顾客会有很多问题是有关自己病情的。回访者如果不是医生，电话结束后可以反馈给医生，有必要的就请医生回复。自己不是医生，只能做简单的安抚和沟通，更不能直接给他确诊和报价。贸然回答这些问题，如果顾客再来门店，医生和客服说的不一致，或多或少，都会引起顾客的不快。

打回访电话时，正好有护士和医生在旁边，可以这样说：我帮你问

··。市场裂变 。··

一下医生。然后做个简单的安抚，根据自己的经验，说一些注意事项，到此为止，再不深说。如果顾客再来治疗，医生开方后也不要报价。医生不是卖药的，即使知道价格也不说。因为经常有人讨价还价："张医生，药费是2000多元，能给我便宜点吗？"这时医生不能回答能不能便宜，而是把这个决策权交给药房。"看好病是我的责任，这病需要吃这些药，需要吃这么长时间。至于收费多少要问药房，我还真不知道。"千万不能镇定自若地说，这药共多少钱。当然了，如果门店规模不大，还在夫妻店水平，自己既是老板又是医生，那就另当别论了。

二、医生的"六个清楚"

接受诊疗的过程中，顾客会有很多疑问，如果医生能把问题尽量说清楚，就会增加顾客的信任，比被动回答效果要好很多。

1. 得的什么病

顾客来就诊，首先感到的不是医生的技术，而是门店的服务，这个叫诊前服务。顾客在产生消费之前的服务是至关重要的，千万不可大意，要把门店或医生的情况详细介绍一下。老师讲课就有这个特点，开课前有个见面会，详细地讲解课程内容，主要讲什么，会有什么收获，解决什么问题，这些其实就是课前服务。

这些诊断前的"仪式"很重要，它能在顾客心中树立庄严感，是不可缺少的一个环节。买一束花送给朋友，重要的不是花，而是送花的仪式。花不久就会凋谢，但仪式长存心中。很多人都忽视了这一点。我们这个仪式的内容就是"讲清楚"。医生要有扎实的功底，充分的资料，知道发病原因是什么，病的转轨怎么回事，前前后后都要解释清楚，打消顾客心中的疑虑。这是第一个"清楚"。

2. 到了什么程度

病情是轻度还是重度，这是病人非常关心的，病情对病人的心理影响很大。解释问题时应该考虑到病人的承受能力，有时需要说实话，有时需要说谎言。这就是我们平时说的"善意的谎言"。

3. 发病原因是什么

有人比较较劲，觉得自己得这种病不可思议，非要知道这病是怎么得的。比如，腰椎间盘突出，自己好像没什么不良习惯，为什么会得这个病？当然这是病人没有意识到自己的不良习惯。还会有其他疑问：为什么久治不愈，如糖尿病。有些病一治就好，而自己的病怎么就治不好？有老人得了慢性病，用药效果很慢，但他就是不理解：年轻人得病一吃药就好，我吃药怎么不管用？医生把这些解释清楚，顾客就更愿意配合治疗。

4. 这病怎么治

回答这个问题，我给大家推荐比较法，就是把自己和其他医院做个比较。同一种疾病，不同医院、不同医生治疗方法不一样。推出这个解释，是想突出自己的特色。可以对患者说：这病中医怎么治，西医怎么治，中西医结合怎么治，我们怎么治，特色是什么。让顾客一听就能明白，听了就有信心。

5. 能恢复到什么程度

经我们治疗后，患者的康复率大概是多少。比如，面对一个鼻炎患者，可以这样说："我们的疗效很好，如果治疗后两年内复发，我们可以继续免费为你治疗。虽然这个活动实施很长时间了，但至今没人享受过。因为治疗后患者全都好了。"

6. 需要注意什么

主要是生活方式，如不能吃辛辣食物，不能过量饮酒，不能熬

第七章　服务

夜……有些患者不注意，不管叮嘱什么都一口答应，回去后依然我行我素，把医生的叮嘱忘在脑后。这就需要医生反复叮嘱，不厌其烦地叮嘱，让患者不敢越雷池一步。

三、修炼自己

有的人技术不差,刚开业人来人往,门庭若市。一段时间后,病人反而少了。原因很简单,很可能是服务没跟上,违背了营销的基本定律。记住:随意得罪病人是最愚蠢的行为。其行为有如下几个表现。

一是态度冷漠,爱搭不理,顾客寒了心,失去了来诊疗的念头。

二是说话生硬,直来直去,得罪了顾客。遗憾的是,至今还有人非常欣赏这个理念,一点没感到不妥,"我是刀子嘴豆腐心"。其实,说话直来直去就是没素养的表现。我们平时和人沟通,就是想得到别人的理解、帮助和支持,就要让对方听后感到舒服,这是沟通的最高境界。

三是喜欢顶撞人,常与顾客发生冲突。服务的本质就是满足顾客的需求,不是辩论谁对谁错。顶撞顾客的结果永远都是自己输。

四是狂妄自大。自大的原因很多,多半是惯出来的。最近几年,厂家经常搞活动,把基层医生当上帝,于是就有人不知天高地厚了。须知"谦卑可受教,弯腰能起跳"。踏实做好自己该做的事,赚自己该赚的钱,谦虚接受别人的建议,就能得到别人的帮助和支持。顾客再不讲理,也不要顶撞,夫妻还有意见不一致的时候呢。人和人的认知不同,和顾客争辩对我们没有一点意义。

在知识爆炸的时代,谁都可以在网络上搜到自己想了解的知识。至于药物的功效和副作用,大家都知道,他想买便宜药,我们就给开便宜药。如果想推荐贵一点的,可以直接和顾客这样沟通:"你吃降压药这么多年,感觉好了吗,没有好就是因为这药是改善血管的,把血管变大变粗,指标好看了,但没有改善血管内部环境,你的血压需要好好调理。"用这种方式沟通,顾客会觉得你的话有道理,心甘情愿地掏钱购买价格高一点的药。

开门店和开饭店一样,花 10 元买了一碗面,和花 500 元定了一大桌饭菜,服务态度应该是一样的,这叫真正的服务。因为顾客消费低而轻视人家,让人家感觉你瞧不起他,人家来一次就不来了。所以从现在开始,就要努力改正自己。不管顾客是消费 1 元钱,还是 1 万元钱,医生都要一视同仁、平等相待。

改变自己的方法就是一个字:笑。

笑的内涵很丰富,都是在传递正能量。遇到顾客,我们首先呈现给他们的,就是满脸的笑容。这个笑当然是微笑,不是无理由地哈哈大笑。我们拉着脸不合适,哈哈大笑也不合适,只有微笑最得体。别小看这个微笑,很多人都做不到。我们经常看到一脸严肃的人,好像他们生来就不会笑。空姐或星级宾馆的服务员,入职培训的主要内容,就是如何微笑。如果不能笑着面对顾客,也应该给顾客一张舒展的脸。有人不仅不笑,看病时还一边看手机,一边和人聊天,这都是不礼貌的行为,自己却没有感觉到有什么不妥。很多大夫自己也感觉不到,如果让顾客给个评价,他们一定会对大夫打个差评。

如果按照美团外卖的服务标准,这样的服务水平肯定得到非常低的分数。得罪病人的后果,是自己遭受损失。统计显示,在离开的人中,有三分之一是服务不好的原因。其中,主要是因为医生态度冷漠、喜欢顶撞,顾客感觉不到被尊重。

还有一种情况,是医生逼走了病人。门店刚开业,技术比较单一,后来学了很多技术,医生自己就开始飘了,就不愿意接太多病人了。逮住一个病人就狠宰,不把病人放在眼里。过去一个疗程收100元钱,现在提高了收费标准,变成了一天100元钱,一个疗程收了700元钱,从而逼走了一大部分病人。

提价可以,但不能太快,这样会吓跑顾客。门诊在当地已经有一部分粉丝了,老顾客介绍新顾客,就是冲着疗效好且价格不高来的。由于提价太快,价格比以前贵了不少,不仅吸引不了新顾客,转介绍的老顾客也觉得没面子。提价一定伴随着治疗方式的改变,或者是药物贵了,而不是治疗费贵了。这样的提价顾客是可以接受的。

改变自己,提升服务水平以后,解决问题的方法就会自然而然涌出来。我这里先给大家介绍几个成交的方法。

1. 学精、学好、学通新技术

我说过,因为人体差异大,老师能够治好的病,学生未必能治好,尽管用的是同一方法。学了新技术,不意味着你全部能掌握,必须有具体实践,必须积累一些案例,一些临床的案例,有经验后再想提价的事。就像讲课,老师是大学水平,学生是小白,听完课以后,其实学生还是小学一年级水平。医生也一样,学完技术就觉得达到了老师的水平,这不对,肯定还是学生水平。给人治五年级的病,用的是一年级的水平,肯定治不好或治不精。

有一句话大家记下来:易学难精。学习容易,达到精通可能需要多年,需要临床经验和个人悟性。就像我讲课,从头到尾听过我课的人很多，有人甚至听了很多遍，理论上说，谁都可以讲课了。即使再笨，也能把它背下来，然后上台讲，但一定是讲得磕磕巴巴的。讲课不是简单表达，而是多年积累以及对健康行业的深刻理解。同样是直肠给药，看一眼李兵锁的技术，自己就能到他的水平吗？同样是治疗鼻炎，听了大师的课就能到达人家的水平吗？同样讲门诊营销，听完我的课，就都能上台讲出我的课堂效果吗？这些都需要时间，需要经验，需要悟性。大智如愚，大巧若拙，学习和成长的道路没有捷径，总想走捷径，实际是在一条弯路上行走。

2. 借力

没学好技术之前，门店想快速成长，有没有办法？

答案是肯定的！方法就是一个字：借！

人的学习能力有强有弱，从业时间有长有短，对某个领域的领悟各不相同，有人一学就会，有人学了好长时间还学不会，这都正常。学不好耳鼻喉专科，但我可以先加盟大师的团队。

这时，需要问自己：我有没有这种天赋？我是不是真喜欢？我是不是真感兴趣？是不是真热爱？

如果学起来特别痛苦，如一个60岁的老人，非得学拉双眼皮技术，你拉双眼皮时手都在颤抖，哪个女孩子敢让你拉？这条路走不通，但可以走另一条，这就是借力。

借力是借名家的力。借的方式有很多种，可以加盟名医门下，可以请名医做义诊。有人说："老师，你什么都会，会做图片，会拍短视频，会直播，会门诊营销，我如果跟你学，啥时候能学成你这样？"我告诉你，啥时候也学不成老师这样，为什么非得学成老师的样子？你完全可以换一种思维方式，和老师合作不就行了？没有我这水平，可以借助我的力量实现财富自由的目标。这就是借力的好处。

..。市场裂变。..

当然，这里有个前提条件，佛家叫缘分，我们叫合得来。比如，人的能力、思维方式、价值观等，这几个方面如果都同频，还是可以合作的。

任何一种技能，都不是随便学会的。会说话的人很多，像鲁迅那样会写文章的人很少；会幽默的人很多，像郭德纲那样会说相声的人很少；我们成不了鲁迅，成不了郭德纲，一门技术看似简单，做好它却不简单。每个人都有自己的独特之处，如果成不了别人，可以成为最好的自己。只要大家有真诚的态度，老师就愿意付出。能得一知己，一生则无憾矣！

给大家讲个故事，有关小白兔的故事。

有只小白兔在打字，突然来了一只大狐狸，对小白兔说："小兔调子，我三天没吃饭了，你见了我还不乖乖躺下？"小白兔说："等等，不要打搅我，我正在写论文呢。论文题目是《小白兔是怎么干死大狐狸的》。"狐狸不相信："你是食草动物，我是食肉动物，你怎么可能干掉我呢？""我说你也不相信，咱们到后面山洞里比画一下？"小白兔于是带着大狐狸进了山洞，就听到山洞里传来骨骼肌肉被撕裂的声音，还有鬼哭狼嚎的惨叫。不到三分钟，小白兔披着狐狸皮就出来了。狐狸死了，小白兔胜了！

这时又来了一只大灰狼，说："小白兔，我已经四天没吃饭了，你在这里干什么？"小白兔说："我正写论文呢，《论小白兔杀死老狐狸之后是怎么干掉大灰狼的》。"大灰狼说："我不相信。"小白兔就邀请大灰狼到山洞里比画一下。不到三分钟，又听到里边传出来鬼哭狼嚎和骨骼肌肉被撕裂的声音。不一会，小白兔披着狼皮就出来了，然后继续打字。这时小白兔的女朋友也就是他的表妹喜鹊，实在不明白这是怎么回事儿，就问小白兔："哥哥，这些天不见你，你去嵩山少林寺学中国功夫了，怎么变得这么厉害，把这两个家伙打得落花流水的？"

周围的松鼠不知道怎么回事，喜鹊也不知道怎么回事，于是在动物界引起轩然大波，大家都在讨论小白兔是怎么干死大灰狼和大狐狸的。这个时候，山洞里面走出来一只张着血口的狮子，擦了擦嘴，和小白兔握了个手："老弟，合作愉快。"小白兔说："别叫兄弟，我是你徒弟。师父，谢谢你！我虽然没能力，但是我只要把他们约到里面去，你就能帮我干掉它们，合作愉快！"

所以，当我们没能力的时候，只需把一个人带到一个成功的环境里就行了。为什么人过得这么苦？看到了直播，就自己研究直播；看到了耳鼻喉，就自己研究耳鼻喉；看到了老师讲课，就研究讲课。但每个人悟性不一样，动手能力不一样，感知不一样，天赋不一样，你在某些方面不行，你可以选择和强者合作，不行也就行了。你想成功，或者让成功的人为你做事，或者跟着成功的人做事。

之前我说过：涨价太快，会吓跑顾客的。

可以借助新技术提价，但要注意，新技术落地不能太快。先把它学精、学好，才能够与顾客成交。如果做不到怎么办？做不到就加盟他人，和别人合作，只要把顾客吸引来，营销就算成功了。中国有句话：赚钱的不干活，干活的不赚钱。孟子也说过，"劳心者治人，劳力者治于人"。人挣钱靠智慧，脑子不行是赚不到钱的。

说到这里，我想到了"二八法则"。拿提价来说，对20%的顾客可以适当提价，另外80%的顾客最好不提价，至少不能随便提价，或者掌握技术后慢慢提价。要循序渐进，不能操之过急。

自己有门店，经营得不太行，和别人合作就是个不错的选择。病情不一样，顾客对大夫的信任不一样，报价可以不同。越严重的病收费越高，越信任的顾客越容易高收费。不要和顾客讨价还价，做好判断后给个报价。如果顾客觉得报价太高，可以选择单疗程付款，不能无理由地降价。

门店和顾客的亲密程度要登记：医患关系，朋友关系，亲人关系。这三种关系也是循序渐进的，只有到了极度信任的时候，顾客才愿意为你转介绍。转介绍的前提是，顾客在这里感觉超值。因为有了转介绍，原来是治疗一个病人和一种病，然后变成了治疗多个病人和多种病。顾客数量也就越来越多。

例如，一个病人来治病，治疗后感觉效果很好，收费也不高，通过聊天，知道大夫还能治疗其他病，就会把自己家人、朋友都叫来，都来这里治病。一个科室带动了其他科室，专科也可以带动专科，顾客带顾客。以点带面，门店影响力便如马尾一样逐渐散发开来。

诊疗时医生都写病历，目的是增加案例，提升技术。病历还有一个作用，就是在营销上的作用，利用这一点做营销，就叫病例营销。过去条件差，问诊都是用口述，现在都喜欢用电脑，但电子版和纸质的还是不一样，感觉不一样，就像有些老年人用不惯微信支付一样，感觉那个太虚了。我建议大家还是用纸和笔，用手写，因为手写会与大脑产生联结，产生深刻的记忆。病历中有两个内容不容忽视。

一是患者既往病史。既往病史是之前得过什么病，现在的病与之前的是否有关联。既往病史的关键内容要用红色三角符号标记起来，这样查阅起来更加方便、快捷。

二是现病史。现在得的病和伴随而来的病，如果沟通到位，可以几种病同时治疗，就等于争取了更多收益。

3. 主次分明

先解决主要问题，对患者来说，最难受的是头疼病，那就先治头疼。问诊时还了解到，患者曾经得过胃炎，等把头疼治好了，再治疗胃炎。医生可以这样说："你不是还有胃病吗？这一段时间抽空过来调调。"把顾客的住址、电话、年龄、照片都拍下来，一张放到病历本上，一张放到成果墙上。顾客照片到一定数量的时候，征得顾客同意后，就做成典型的案例，这就是顾客见证。如果有上万张照片，排满了一面墙，那该有多牛啊。顾客到门店，一定会看病历本的，那就让他慢慢翻，不要急。看到那么多治好的病人，谁不会动心呢。

门店顾客多，是为治疗来的，但顾客之间是有联系的。他们会互相交流、互相沟通的。这样，既能成就门店品牌，也能坏掉门店品牌。充分利用这种关系，就能从候诊顾客中挖掘到新顾客。医生问诊时，其他顾客一般是不关心的。比如医生问患者：哪个地方疼？疼了多长时间了？最近有过咳嗽吗？你最近身体舒服吗？这些与候诊的人没关系，他们也不关心，但在查体的时候，因为有了肢体接触，其他顾客才开始关注。

你站起来了，开始查体，查体演示时身体的互动，比病人坐在面前更有吸引力，这时就要设计演示性的治疗内容。仔细查体、仔细问诊、仔细解释，查体演示效果好，对候诊的顾客是有震撼效果的。

演示型治疗是演示给潜在的顾客看。如果门店有六个顾客，演示的时候，一定挑个治疗简单的病，就是疗效明显的那种，这样能够让顾客看到立竿见影的效果。让病人当场说好，这一点非常重要。只有这样才能帮助候诊的病人下定决心，从而产生订单。

四、持续服务的"金钥匙"

我多年来坚持这样一个观点：后期追踪服务很重要，甚至具有扭转乾坤的作用。设想一下，顾客本来已经忘记门店治病的事了，忽然有一天接到电话，对方一遍遍地关心自己，顾客很容易就被后期服务唤醒，在他头脑中留下深刻的印象。

做好后期服务，有几把"金钥匙"。

第一把，让顾客感觉舒服。

做与销售有关的工作固然重要，但做与销售"无关"的事情同样重要。比如和顾客聊天，看似天南海北的内容，其实蕴含着很多有用的东西。相同的爱好、相似的经历、相同的价值观，以及老乡关系、校友关系、战友关系等，都能拉近彼此之间的关系。信任关系更容易建立起来。有了这层关系，为顾客做同样的事情，顾客都感觉是占了便宜。再制订一个忠诚计划，让顾客生病后第一时间想到我们，进一步可以发展成为顾客的私人顾问。当然，这需要顾客有经济实力，我们有治病能力。私人顾问就是健康顾问，与是否选择自己没有关系，甚至可以主动告诉顾客："你离哪个药店近，你在哪个药店买，赶紧把药吃了，病就好了。我不差你这一盒药钱。咱俩是朋友关系，没有必要非到我这里买药。"不在意顾客的小心眼，这就是做医生的境界和格局。

第二把，注重品牌的价值。

我之前说过环境的重要性，温馨幽雅的环境也是服务的主要内容，是塑造品牌的一个组成部分。比如，有人卖麻辣烫，总喜欢加上自己的名字：杨国福麻辣烫、李记麻辣烫等。顾客容易记住，卖得也比较好，久而久之形成了品牌。如果起的名字让人难以记住，想卖得好就有点困难。

品牌意味着什么？我以具体案例来讲解。比如，我们到了一个陌生城市，有两个酒店可供选择：一个是如家酒店，另一家酒店名字没有听说过，如叫像家酒店。通常我们会选择如家酒店，因为没有听说过像家酒店，心里没有底。这就是品牌的意义和价值。

我们选如家，因为它是品牌酒店，意味着稳定良好的服务。顾客选门店也喜欢品牌门店。过去有钱人出国治病，都选择梅奥诊所，因为它是知名诊所，医生技术高，服务又到位。

第三把，医患互相尊重。

100年前，医患关系比较简单。只要具备三点，就可以成为一个好医生。第一点是知识。你的医学知识体系，行医的价值观，认知、视野和格局。第二点是技能。知识不是技能，技能也不等于知识。技能是知识的应用，技能以知识为基础，两者相辅相成，互相促进。医生的技能就是治病，技能越高，疗效就越好。第三点是良心，也叫良知。古代重视礼仪，拜师必须对师父行礼，其他行业也一样。礼仪的内涵是相互尊重，就像医患关系，患者尊敬医生，医生同样尊敬患者。我常说，医患是战友，疾病是我们共同的敌人。把自己和患者看作同一战壕的战友，很多医患矛盾就可以迎刃而解。

技术落地太快,服务就可能跟不上,这会造成很大的被动。对顾客一视同仁,不能自高自大,目中无人。牢记"地低成海,人低成王"的道理。

也许我们一辈子注定是普通人,走在大街上和其他人没什么两样。但即使如此,我们也要坚持原则、坚守信仰,做一个坦荡正直的人,一个有温度的人,一个有益于社会的人。

这些虽不属于本书内容,但它远比技术和营销重要。

第八章 盈利

☐ 不想盈利的企业是不道德的。
☐ 营销就是把推销变成多余。
☐ 可以把他敲"晕",但不能把他敲"死"。
☐ 可以如实展示,但必须有所倾向。
☐ 技术网络化,商业社交化。
☐ 把小爱分给别人,小爱也就变成了大爱。

门店经营的目的，就是实现盈利，从而创造经济效益。管理大师曾说过：不想盈利的企业是不道德的。谈盈利，必然谈到盈利模式。任何一家企业，都有自己的盈利模式。传统企业的盈利模式，就是产品由企业生产出来，并以高于成本价格销售出去，就是赚取差价。过去，在门店以卖药为主要收入的年代，就是采用这种赚取差价的模式。如今，经营环境发生了巨大变化，传统的营销模式已经失去了存在的土壤，需要我们研发新的盈利模式。

一、经营的"三个重点"

门店经营的重点有三个。

1. 市场营销推广

有了市场,销售了产品,完成了成交,顾客的钱才能进来。门店才能正常经营。

企业是一个小系统,不仅有收入,还有支出,收入大于支出就有利润。长期支出大于收入,企业就处于亏损状态,财务就会陷入困境。所以,在开源的同时,也要注意节流,保证企业的财务安全。这项工作叫作"财务管控"。

营销分两种:一种叫外营销,一种叫内营销。外营销就是和外边机构合作,让这家机构帮我们做营销,其实就是外包给别人。内营销就是由自己的医生、护士来做。

目前,民营医疗机构大都自己做营销,就是内营销。门店刚开业,没有营销能力,更没有资金请人做营销,只能自己做。好处是能掌握市场情况,并根据市场反馈做出调整,财务控制也比较容易。机构小的时候，老板亲力亲为，亲自把控财务，不该花的钱不会乱花。这是小机构做内营销的原因。

2. 基础管理

关于客户、产品、人力等，其实就是对人、财、物和进、销、存的管理。这是基础管理的主要内容。

主要是科学地设置相关部门，明确部门职责，每个部门有几个岗位，每个岗位职责分别是什么。这些内容都要编写出来，便于新员工学习和执行，也是发生争执后上级做出裁决的依据。

规章制度也是基础管理的重要组成部分。一般有考勤制度、病事假制度、采购制度、绩效考核制度、员工奖励制度等。制度是企业文化的体现，制度不是一成不变的，需要依据具体情况逐渐完善。

为了提高员工素质，培训工作必不可少。不仅新员工需要接受培训，老员工也要持续培训，这样他们才不会被行业淘汰。一般年初需要制订培训计划，根据培训需求进行调研，确定培训内容，落实培训形式，聘请培训老师，监督培训过程，并做好培训效果评估工作。

3. 经营

经营，顾名思义，就是经济地运营；管理是管控和治理。两者合起来就叫经营管理。两者的关系非常密切，不会经营的人就赚不到钱，不会管理的人就留不住钱。管理的对象就是人、财、物。人包括员工和顾客；财主要是钱，也包括有价证券等；物就是物品，门店的物品主要是仪器设备和药物。这几项管好了，经济效益就会变得更好。

对任何一家企业来讲，经营管理能力都是十分重要的。我现在讲两个笨蛋行为。第一个是定价过低，觉得定价高了没人买，结果自己把自己的身价降低了。第二个是降价自杀。原因和第一个差不多，产品销售不畅，自己还想不出其他办法，只好采取降价这个笨办法，价格低了利润就低了。更可怕的是，还会失去顾客对门店的信任。

有个非常神奇的案例。某医疗机构把产品价格提升了10%，利润却增加了50%。大家觉得这事是真的吗？比如，原来价格是10元，现在提到了11元，产品利润却增加了50%。大家一定觉得不太容易，实际上真的是可能的，之所以不相信，是因为大家不懂财务，也不懂营销。

现在介绍一个公式：10－8＝2。10是营业额；8是成本，包括房租、工资、材料费、水电费等；2就是利润。利润增加的原因是产品提价了，由原来10元提到了现在的11元。这是提升盈利最快的方法，简单说就是四个字：产品涨价。别小看这10%，价格提高了，产品成本却没有增加，还是8元，利润就增加到了3元。2元的利润变成了3元，这么一算，是不是很恐怖？

如果把数字扩大一下，原来收入是1000万元，成本是800万元，利润就变成了300万元。这是不是一个很成功的提价案例？

心理学告诉我们价格涨幅只要不超过25%，顾客都是可以接受的。前面说过，涨价不是简单提价，而是一门学问，也是一门艺术。

我们继续算账：收入是11元，减去8元的成本，利润是3元。那么，怎么再增加营业收入呢？两个办法：把10变大，变成13或14；把8变小，变成7或6。现在想一想，这个8还能不能减？比如，房租一年是10万元，第二年能不能谈成5万元？很难！房东还想涨房租呢！其他开支如物料、器械、一次性用品等，恐怕都难降下来，保持原价不变其实也困难。员工工资呢？更别想！员工还想每年涨工资呢！我们的物价每年都在涨，每年都有通货膨胀，所有成本只有涨价的份，哪来的降价。如此，只有通过提高客单价的方法。过去每天接诊5个顾客，每人消费1000元，现在涨到每个顾客1200元。这是一种增加收入的方式。第二种，涨不到 1200 元，涨到后顾客就不来了，所以就只能吸引更多顾客进来，原来接诊 5 个，现在接诊 8 个，收入也就增加了。

其实，增加收入的办法有好几种，具体需要根据门店情况而定。一是增加顾客数量，二是提高客单价，三是产品涨价，四是增加新科室，每种方法都有其特点，合适用哪种就用哪种。

前面说过，门店新老顾客的比例，能反映出自己的服务水平，如果新顾客多，说明不是在健康运营。再看客单价，客单价越高，利润率就越高，提升客单价看似简单，但需要审视一下，看是否还有空间。我辅导过一个诊室，浙江金华的，他们做到了每天 1 万元的营业额，门诊量达 200 人，最多到过 300 人。顾客消费大都是几十元，超过 100 元的都很少。在这种情况下，只有提高客单价，其他办法不是特别合适。

总结一下：要想实现增收的目标，要不就是涨价，要不就是增加顾客量。但是，顾客量如果已经封顶了，就只能涨价。但有可能价格也封顶了，再涨价就把顾客吓跑了，那就得想办法增加顾客量。大家要厘清思路，找到症结，根据自身情况对症下药。

我们做生意，头脑一定要保持清醒状态，经常思考这些问题：房租能不能降，如果降不了了，装修能不能省点钱。很多人做事，只考虑眼前，不考虑未来；只考虑局部，不考虑整体。兵法上说：不谋全局者不足以谋一域，不谋万世者不足以谋一时。说的就是这个道理。有些人没有规划，缺乏长远眼光，结果花了不少冤枉钱。

所以，人生是否有成就，取决于大脑的智慧。能不能赚钱，是脖子以上部分的事。很多人喜欢用脖子以下的部分，脖子以下部分赚的钱是有限的——认知决定结果！

二、收费的艺术

收费是门店利润的主要来源。它看似简单，实则非常复杂，是有讲究的，应该在这方面下点功夫。一般情况下，当医生和护士确认了收费明细后，就由护士陪顾客去缴费，然后为顾客治疗。在收费时，因为经济条件、疾病类型、病情轻重程度不同，顾客的反应也是不同的，需要区别对待。一般按照以下原则处理。

第一种情况，顾客因为经济原因，没办法一次缴清，可以让顾客首次付总费用的60%，同时要和顾客说明，下次将余款付清，付清余款后才能继续治疗。可以这样说："今天您带的钱不够，总共2000元，先交1200元吧，反正还要再来，再来时补上就可以了。"一定要灵活处理，话不能说得生硬，如"钱不够你看什么病，等你弄够了再来"，然后把顾客晾在一边，这会大大伤害顾客自尊心的。

第二种情况，对于高费用顾客，他们是优质顾客，尽管这个群体对钱不敏感，也不能一次性消费。比如，腰椎间盘突出症，腿还有毛病，首次收费也是总费用的60%，同样解释清楚，总费用是5000元，可以先支付3000元，复诊时再付清余款，周期为6个月。

有的病需要长期治疗，如腿疼扎针灸，客单价高，病人没多少钱，如果得不到治疗，将来去医院做手术费用会更多。针对这种情况，可以让顾客先缴几千元，余款复诊时分期缴就可以。这些情况都在初诊检查单上备注清楚，一定要允许顾客分期付款。这个方法既能争取成交，又是人道主义精神的体现。

当然，如果顾客不主动问，医生也没必要主动说，毕竟很多人也不差这点钱。

还有一种情况，顾客带钱不多，想下次再来看。这时就不能听之任之，而应该说："钱不够没关系，我先给你治疗，你先支付一部分，这个病还需要再来几次，再来时把余款付清就可以了。现在扎个针，今晚就能睡个好觉。"这样的回答，避免了顾客的尴尬。

也有比较极端的顾客，开始就说："今天没带钱，可以先治病下次再给钱吗？"这样的顾客，心里可能会有不好的想法。我们可以这样回答："没带钱不要紧，可以刷卡，微信、支付宝也行，也可以先付60%，下次把尾款付清就可以了。"实际上，这个人说的很可能是借口，正常情况下次就不来了。听了我们的回答，他的真实心理就会暴露出来。

还有一种特殊情况，顾客会说："能不能先治疗，如果病好了别说1万元了，我给你1.5万元，我还给你介绍顾客。"类似的话还有："你少收点费，别收1万元，收5000元吧。我给你介绍几个客户，你挣他们的钱多好。"我提醒大家，说这些话的人，99%是不会帮我们转介绍的。他们骨子里就想着占便宜。遇到这种人，如果大家听之信之，高兴地说："行行行，不挣你钱了，成本是5000元，我收4500元算了。"结果不仅没挣钱，还垫了500元。还有的医生，特别是老医生心地善良，他们会对顾客说："没问题，我先给你看看，病治不好不收费。"看起来很仗义，自己也有把握。但顾客不都是仗义之人，有人就钻空子。大家想想，病好不好谁说了算？结果大概率是这样的：医生治好了他的病，他却说没有好转。不仅没赚到钱，还赔进去了门店品牌。古人说：害人之心不可有，防人之心不可无。说的就是这个道理。

医生、护士互相配合，是非常重要的。

比如，给病人看病，医生说自己技术非常棒，不如护士来说。"我们郭医生技术特别好，他在这方面是权威，把这事交给郭医生就行了。您这么信任我们，我们感到很欣慰。这样，首次收费，以后复诊就不用再交费了。"

如果有人直接问，能不能给一些优惠。大家可以这样说："这几天正好搞优惠活动，优惠力度挺大的，就算你不说我也会给你优惠的。"现在行业价格都是透明的，没有哪家价格特别高，也没有特别低的，但价格多少会有点差别。如果顾客问我们：人家的价格很低，你们的价格怎么这么高？我们可以这样安慰顾客："您是我们的顾客，也是我的老顾客，我收200元，人家收50元，假如真的像您说的质量、服务、疗效都和我们一样，我就建议你去他那治疗，真的治好了病，我替你高兴，也向他祝贺！"

当头一棒，把他敲晕，还不能把他敲死，敲晕了还能留住，把他变成"自己人"；敲死了就走了。这就是我们的应对策略。

大家可以参考下面的话术。

"王大姐，那地方收费300元，咱这收费1000元，您还到咱们这儿来说明您信任我们。我是个大夫，治好病才定目的，您在哪能治好病我都高兴，不一定非得在我们这儿治。这样，您加我微信，有什么问题随时咨询我。现在价格都是透明的，他们收费低，一定有低的原因。不过既然您提出来了，我也给您点优惠，收您1000元，再送您1000元的理疗，等于给您打了个五折。"

　　如此回答，既给她一个台阶，又给她当头一棒。大家理解了再记住话术就行了。当然，要想把话说得自然亲切，还需要人生阅历。但有一点要注意：面对刁钻的顾客，就不能随便降价，不要被顾客牵着鼻子走。答应了顾客的过分要求，我们就没有权威、没有价值、没有个性了。

三、盈利有方法

现在，我介绍几种盈利的方法，供大家参考。

1. 传统广告盈利

门店很少不做广告的，这是品牌传播的重要手段。传统广告种类很多，在新媒体广告满天飞的今天，传统广告仍有不可替代的价值。广告运用得当，能收到事半功倍的效果。

先说纸质的小册子。这种广告俗称彩页，是多层对折的，很方便顾客携带。彩页应该含有三个方面的介绍：一是门店介绍，二是医生介绍，三是特色介绍。解决的是"我们是谁""我们能治什么病""能帮你做什么"的问题。

再说微信朋友圈。朋友圈发广告是免费的，传播方位也很广泛，格式虽然固定，但内容可以个性化。朋友圈是为自己量身定做的广告，如果有条件，自己可以开发一个小程序，带有宣传和销售的功能，也是不错的传播渠道。

优惠卡或优惠券也是门店经常用的工具。它们的作用是提供优惠，绑定顾客。上面的照片要用艺术照，不能太俗气，尽管活动有优惠，单页也不能写上去，如"凭此卡（券）优惠"。如果这样，就不会有人来了，因为潜在顾客不知道价格，就算知道有优惠，也知道来了就得花钱。正确的做法是：卡上标明价格，然后附上"凭此券免费"。这样让顾客更有体验感。还可以设计一张会员卡，卡里有 200 元体验券，在电脑里能显示余额，如余额 200 元，可作为治疗费、检查费和理疗费使用，顾客的家人也可以拿来做理疗。但不能取现，也不能用它购买其他物品。其实卡里的钱是虚的，相当于电子货币，目的是获得顾客的体验感。

也可以增加会员卡的功能。持此卡可以换物品，如米面油、洗衣粉等生活用品。为了吸引顾客，可以长期与短期相结合。必要时根据地域、季节和病人群体情况，尝试举办会员沙龙，沙龙设置不同的主题，配合优惠卡和优惠券，卡里存进去 200 元，且规定顾客不能一次用完，他们来的次数越多，效果就越好。这种卡在淘宝上到处都是，很多地方都在用。为了鼓励顾客消费，门店还要结合其他手段和渠道，如短信、微信等。可以这样不断提醒顾客："尊敬的××你好，今天你使用了我们的优惠卡做理疗，你的余额还有 150 元，欢迎您下次再来！"这就是广告盈利。

2. 义诊盈利

义诊活动具有公益和广告性质，义诊能提升门店影响力，打造优秀门店或医生个人品牌。

举办义诊活动，需要注意以下三个问题。

第一，不让顾客花钱。

义诊活动做得好，能够吸引很多潜在顾客，我们的目的就达到了。如果义诊时让顾客花了钱，那就不是义诊了。这是义诊时的禁忌。就算有顾客有意花钱，我们也不能在义诊活动时成交。比如，病人腰不太舒服，觉得医生诊断非常准确，决定接受治疗了，我们也要婉言拒绝。可以这样引导顾客："在这儿条件不方便，改天到我们店里，我帮你好好调理。"顾客去店里后再收费。义诊活动时收费，就失去了义诊的本义。

第二，不派技术差的人做义诊。

义诊的宣传价值决定了必须安排高水平的人参加。这里的水平，既指治疗技术，也指沟通水平。技术高容易折服顾客，沟通能力好能为义诊活动锦上添花。恰当地运用这个亮点，效果就会出奇得好。

第三，全心全意为顾客服务。

大家都见过发单子的，经常有人对单子感兴趣，就会咨询发单子的人。如果发单子的人说："我只是发单子，其他我不知道。"这样路人的兴趣就会降低不少。门店发单子，不能认为发出去就完成了任务，还要找机会详细介绍给顾客。有很多发单子的人，见有人感兴趣就会热情介绍，甚至邀请前去体验，只有这样才能达到活动的目的。

3. 网络盈利

信息技术的发展，为营销提供了很多工具和方法，网络营销就是其中的产物。很多门店都有自己的网站和小程序，或者其他网络平台。把门店介绍、治疗项目、门店特色等内容上传到网站上，每年只缴纳一点维护费，也就几百块钱，成本相对来说很低。尽管这些年网站热度降低了，但没有这个平台无法展示自己的价值。

群发邮件的广告营销功能也不能被忽视。有很多群发邮件或软件，在设置好功能后，能快速发到微信群、QQ群、微博等平台。当然，需要提前做好准备，提前注册自己的名字。在注册的时候，为突出门店品牌，所有平台都要注册成一个名字，形成聚焦效应。比如，我的名字过去叫"基层医护代言人",不管是抖音、快手,还是其他平台,都用这个名字。我后来改名字了,改成了自己的本名。这是因为很多人都知道了我的名字,却在网上搜不到。我思考后决定给大家一个建议:如果你在行业内还没知名度,就先起一个名字,所有平台都用这个名字,将来也不用改成真名,哪怕真名从此无人知晓都没关系;如果已经有一定名气了,那就用这个名字,毕竟前期已经支付了巨大的宣传成本。

互联网是无所不能的,新技术不断出现,新功能持续得到应用,新平台也层出不穷地涌现出来,如抖音、快手、视频号、哔哩哔哩、小红书等,都可以尝试一下。

4. 公益盈利

前面我们说过公益营销,实际上做公益是不盈利的。那么,还做公益,这不是互相矛盾吗?这是因为,公益是营销的一部分,承担着品牌传播的作用,公益活动能创造经济效益。

这里介绍几个公益盈利的方法。

第一个,定期慰问敬老院老人,为老人做义诊。

慰问敬老院老人,为他们做义诊的时候,把慰问老人的过程拍摄下来。要求拍摄者具有很高的拍摄技巧,如拍摄婚纱照的摄影师,使用好点的相机,不要用手机,可以支付他一定的费用,这个钱花得值。我们可以把给老人送大米、白面,为他们理发、剪指甲的场面,或者为他们做鼻腔清洗、检查胳膊腿的场面,清晰地拍摄下来,标上拍照时间。然后撰写成稿子在平台上刊登出来,别人只要输入关键词,都能看到。

第二个,在特定日期为特定人群提供治疗。

医疗行业有很多节日,选择一个合适的日子,为特定人群做公益诊断。比如,选择"世界高血压日",针对高血压患者开展公益活动;选择"脑瘫日",去福利院看望行动不方便的孩子,抱一抱孩子,送一些玩具给他们，再拍些照片。这都是宣传自己的好素材。

曾有人倡导过"日行一善"活动。就是每天做一件好事，不仅有利于社会和谐、稳定和幸福，也能让自己内心更充实。因为人接受了他人的帮助，软弱的心会强大起来，不管是给予别人还是接受别人的帮助，都会因为获得了幸福而更加热爱生活，幸运之神也会不断光临他们。这或许就是佛家说的因果吧。

有人说世界是圆的。今天把小爱分给别人，小爱也能变成大爱，回报到自己或子女身上。富有的时候，我们把部分财富分给贫困的人，年轻时把精力送给行动不便的老人，顺境时把自信送给逆境中的人。拿出1%的财富，对我们的生活没多大影响，却能帮助很多需要帮助的人。

讲一个真实的故事。我的孩子读书时有叛逆倾向，因为我经常出去讲课，他妈妈是护士，我们两个都忙，没时间管他。有一次，我在湖南讲课，结识了一家微善协会，他们专用微博做公益，资助了很多孤苦伶仃的孩子，其中一个孩子的父亲和我爸一样得了尿毒症，家里连1500元学费也没有，于是我就认领了这个孩子。那天我们团队一共认领了几十个孩子。我当时没想得到回报，也没刻意宣传自己。那孩子学习特别刻苦，也因为有了这笔生活费，他看到了希望。后来那孩子给我写了一封信，被我儿子看到了，他读完才认识到自己生活在蜜罐里。从那天开始，他发奋学习，考上了河北特别好的一所高中，一直到大学成绩还非常优秀。

我希望大家多参与公益活动，为自己、为别人、为社会做一些有意义的事情。

5. 名人盈利

借助名人效应实现盈利的方法就叫名人盈利法。当有机会遇到名人时，就要认真设计一下，利用他为自己盈利。具体做法是：努力争取为他服务的机会，借此搞好关系，然后作为宣传自己的资料。将来，你可以指着你们的合影说："这是咱们当地知名的大书法家，他一幅字画能卖8万元，他身体有问题，我帮他调理了几次，现在他有问题还找我咨询呢！"这句话就非常有价值。

与名人绑定在一起的步骤是：先表示崇拜，后说出想法。"老师，我特别喜欢您的墨宝，我是一个医生，一袭白衣就是我的梦想。我从小就酷爱书法，尤其看了您的字后，才真正懂得了中华文化源远流长。我虽然鉴赏力不高，但看着您的作品总感觉特别舒服。今天您是我的病人，但在艺术上我是您的粉丝，我冒昧地请求您，可以和您合个影吗？"当然可以！没有人会傻到拒绝自己的粉丝。

6. 专家坐诊盈利

我们经常聘请专家坐诊，是为了借助专家的品牌提升门店影响力。但专家的时间很宝贵，不可能经常来，偶尔来一次，就要选择一个特定的日子，如十周年店庆。

聘请专家盈利的方式有两种。

一种偶尔来一次的专家。这类专家大多是在职的，只能利用业余时间来，省各大医院的知名主任都属于这类，他们在某个领域是高手，挂他们的号很难。我们只要在朋友圈发一条消息，说某专家教授要来坐诊，就可以静等顾客盈门了。

一种是退休的专家。他们可以定期坐诊，如每周来一次，只要事先谈好利益分配比例，其他就好说了。需要注意的是，即使老专家时间充裕，每天都可以来这里坐诊，也不能每天都在，不然专家就不值钱了。顾客来了也不要轻易"请"专家出来，"专家很忙，一周只能来一次"，让顾客有饥饿感。

我在河南辅导过一家门店，他们请了一位自带流量的退休专家。每天都有很多人找他看病。老板对专家百依百顺：了解到他喜欢古医书，喜欢喝茶，就帮他搜罗古医书，买最好的茶，还租了三居室的大房子，还雇上保姆，简直就是要星星不给月亮，把老先生当神仙供着，甚至张罗给他找个老伴儿。这样一年下来，门店挣了200万元。每当有人找他看病时，老板总是让他"千呼万唤始出来"，能让老专家给自己看病，每个人都有一种幸运感。

社会上有些人，他们有丰富的社会资源，但平时都用不上。这是因为他们缺乏与人相处的能力，不知道如何与人交往，不知道怎么为他人提供帮助。

与人相处是一门学问，每个人都应该好好学习，这门学问的价值甚至胜过专业能力。河南这位老专家不缺钱，他不高兴给多少钱也不会来，他缺的是别人对他的认可、赞美和尊敬。

7. 学术盈利

还有一种盈利方式，叫学术盈利。很多人都参加过学术活动，这种活动是为了研究某个问题。我们参加活动有个目的，就是营销自己。因此，我建议大家多参加这种活动，去的时候带一个拍摄功能强的手机，如华为P50Pro，把专业录音笔也带上，没有就用手机录。多拍摄本人在活动现场的照片，全部过程也要录音。

拍摄照片要以自己为主，没有自己的照片价值不大，人家会认为你是从网上下载的。在所有照片中，和主讲老师合影的照片是必不可少的，这是讲故事的好素材。平时我们接触名人的机会不多，这样的活动就提供了机会。今天好不容易见到了，一定不能放过。一般情况下，课间茶歇就是挺好的机会，这时就要主动到讲台上，让同桌帮你拍照。

活动结束后，就可以宣传自己了。一般情况下，大家发朋友圈比较方便。例如，上传照片并配上如下文字："本人受邀参加2022中国基层医疗发展论坛，欣遇很多弟子门徒，还有业内大咖，与他们畅所欲言，交谈甚欢。希望与他们共襄中医大业，惠安天下苍生。"后面再加上解释文字。左一：本人在第五次中国中医药研究会上发言。左二：我和国医大师石学敏先生的合影。如果照片中你俩在握手，可以这样讲故事：我和国艺大师唐老师交谈了很长时间，他对我说"你的技术非常好，我很欣赏"，我听了这话觉得自己还远远不够，是大师在激励我，我还要继续努力。这样低调地宣传，实际上是展示自己的高调，比自己夸奖自己效果要好得多。

除了和大咖拍照，还有一类照片也不能少：带有主办方标识的照片。如果活动是在襄阳医学院举办的，就一定要在医学院门口拍张照片；如果是在协和医院举办的，一定要在协和医院门口拍照。发布照片一定要显示定位，定位到这个地方。

除了发群友圈，还可以用其他形式，如写篇小文章，介绍一下活动现场的花絮，或者谈谈自己的感慨。在小程序或其他自媒体平台发布。

做宣传是有技巧的，思路不能太狭窄，头脑不能太死板，是可以有所侧重、有所倾向的。在白求恩和平医院听了一会儿课，请教了一位专家，在医院门口拍了张照片，然后发出来，别人一定会认为你在这里参加了一个重大学术活动。到一个新城市，可以在当地最知名的医学院门口拍张照片。至于照片背后的故事，就让大家发挥自己的想象力吧！

学术活动有时也设置奖项，能拿到一个是最好的。获得某个奖项需要实力，如果实力可以，就要极力争取。如果实力差一些，也可以和主办方沟通，让对方认可自己。

最近几年，各种协会如雨后春笋般涌现出来。我们也可以选择与协会合作，借助协会名义深耕技术。

人生路上有两个老师。

第一个是技术老师，能帮你掌握一门吃饭的技能。当师徒关系确定后，就要向老师学习技术。第一阶段是"学他"，低头学习、不问前程。第二阶段是"成为他"。先模仿他，再"成为他"。第三阶段是"超越他"，青出于蓝胜于蓝。有些大师我们一辈子都超越不了，但至少要有这种精神。技术超越不了，决心是可以超越的；个人品牌超越不了，努力程度是可以超越；技能超越不了，认知是可以超越的。总有一天，在某些方面我们会超越老师的。

第二个是经营老师。学技术要拜师，学经营也要拜师。前面说过，经营远比技术更重要。大家多是技术出身，喜欢钻研技术，却不喜欢研究经营，这是个天生的缺陷。从今天开始就要改变这个观念，抽出部分时间研究顾客心理，研究如何做广告，研究如何沟通，研究如何撰写话术，等等。掌握了经营，就等于拿到了财富密码的钥匙，门店将锦上添花，如虎添翼。

8. 价格盈利

价格盈利的实施策略是承诺制。就是把顾客的治疗费用打包，并承诺治疗效果。比如鼻炎，总收费 2000 元，承诺治疗到什么程度，达不到疗效全额退款，一年之内复发全额退款。

不是所有的病都可以采取承诺制。既然敢于承诺，就一定对技术充满信心。一般都是治疗了很多同类疾病其效果都很好，要有 90% 以上的把握治好，最低也要有 50% 的把握。为了保证疗效，治疗前的检查至关重要。最后，不管治疗结果如何，都要兑现承诺。比如，承诺了治好糖尿病，但其实是有困难的，有的病人不配合，医生一边给他治疗，他一边吃着垃圾食品，怎么可能治好呢。这就是强调筛选疾病和顾客的原因。

顾客的配合至关重要，好的顾客都有自律精神，非常配合医生的治疗，如果这类顾客身体没大问题，那就太好了，是采取承诺制最理想的病人。

9. 礼物盈利

群居是人的社会属性。离开了社会,生命就失去了意义。平时,我们和别人交往,都是有一定目的的,往往是希望得到别人的帮助。为了初次见面得到对方的好感,我们需要随身携带一份小礼物,最好去定制一些。遇到自己的"准贵人"就送一份,这样容易拉近双方关系,为后期的沟通合作奠定基础。

比如,治疗结束后,旁边还有病人的家属,就给家属送一份小礼物。人这种动物,只要收到赠送的礼物就激动。我们在微信群里抢红包,一个红包只有几毛钱,抢到后也是特别高兴。一份小礼物就能产生意想不到的效果,就能搞定顾客,这该有多好。

我们有个习惯:手头有什么,就送给人家什么。这在平时的交往中没什么关系,但门店送礼是有明确目的的,就是吸引顾客完成成交,送礼物不能太随便,要统一设计,统一订购。礼物上带有门店介绍,外包装设计也要讲究些。比如,治疗鼻炎的,不能设计一个大鼻子,那样太刻板,人看了也不舒服。应该设计成卡通画,一个小动画人,吐着个舌头,长着一个绿色的长鼻子,鼻子里有个优盘,里面介绍鼻炎治疗和调理的方法,背面印着一个二维码,扫码后显示门店地址、电话、特色等信息,顾客拿回去后就成了一个流动的广告。

10. 整合盈利

最近几年,异业结盟异军突起,其好处是能快速实现互惠互利、共同发展的目的。不同专科门诊之间可以互相介绍。比如金大夫做儿科,一个宝妈带孩子来看病,赶上宝妈患有鼻炎,金大夫看完孩子的病后,顺便帮她找个专治鼻炎的大夫。这就有点同业联盟的性质。其实异业之间的合作空间也很大。比如手机卖场、大型超市,各专柜之间,都可以互相介绍。单枪匹马作战的时代已经一去不复返了。

我经常讲课，讲课也是很好的传播途径。所以，每个人都应该准备一堂课，给自己的人生准备的一堂课。像所有优秀医生一样，大家都要会看病、会经营、会沟通、会写书、会讲课、会接受媒体的采访。这"六会"中，会讲课、会接受媒体的采访是最关键的两项。掌握了这"六会"，就掌握了自己人生的方向。

设想一下，如果世界上没有声音和文字，那将是怎样一个混沌寂静的世界！正因为有了声音和文字，我们才了解了民族的历史，才有了文化知识的传播。不管是讲课讲学，还是著书立说，归根结底都是在传播文化，因为文化是我们生存的意义和价值。

我们当医生的，都应该准备一门健康课程，建议以人生幸福为主题，这比较符合社会发展的趋势。为了帮助大家备好这门课，我提出以下建议。

从内容上讲，这门课应该包括以下三个方面。

一是老有所养。主要是经济方面，让老人生活富足，他们年轻时物质匮乏，生活困难，缺衣少食是常态。现在生活好了，且时日无多，应该努力满足他们在物质上的需求。

二是老有所热。热就是热爱，退休后无所事事，如果没有一点爱好，人就会快速衰老。一定要培养他们有一项爱好，如书法、绘画、旅游、棋牌等，在娱乐中享受悠然自得的幸福。

三是老有所陪。年龄大了，人与外界交往就减少了，难免会感到孤独，这时亲人的陪伴至关重要。

除了讲课之外，讲话能力在很多场合都能用得上，这是我反复强调的一种能力。比如婚礼现场、庆典活动等，都是我们经常遇到的场合，在这种场合讲话，能大幅提升自己的影响力。

11. 体验盈利

体验盈利也叫体验营销，是先让顾客免费体验——体验技术、体验疗效，进而坚定顾客治疗的信心，最后完成成交。

比如，顾客的鼻子有病，需要五次治疗。先让顾客免费治疗一次，这就是体验。体验后顾客一定能感受到疗效，就会增加顾客在这里治疗的信心。有人舍不得让顾客体验，殊不知，体验是投资，是有回报的投资。从不舍得投入的人，怎么可能有丰厚的回报呢？

12. 口碑盈利

在过去，门店品牌主要靠口耳相传，时间久了，就形成了口碑。现在，口碑传播仍是最重要的传播途径，其效果是任何其他广告难以匹敌的。

比如，营销课程很难。但如果你们说，老师的课讲得非常好，其他顾客一定相信，也容易下定决心报名学习。也就是说，顾客的话"一句顶一万句"。

当然，口碑营销也有短处，那就是传播速度慢，必须和广告、义诊、公益等方式相结合，才能取得更好的效果。

讲故事是口头传播的好形式，它的好处是：成本低廉，传播面广。

艺术源于生活，又高于生活。有时故事很美，我们讲出来就不美了，不是故事不精彩，是我们不会讲故事。

故事要新鲜、奇特，有趣味，这样更容易传播。所以说，每位成功人士都是讲故事的高手。